なぜ日本の会社は生産性が低いのか？

熊野英生

文春新書

1202

はじめに　「生産性の低下」で日本は貧しくなっている

■「ぼっち仕事」が企業の未来を奪う

労働現場でワンオペが増えている。ワンオペとはワン・オペレーションの略で、1人仕事のことをいう。若い人は「ぼっち仕事」というかもしれない。

ブラック企業の話ではない。実際、中高年サラリーマンのなかには、1人でプロジェクトを切り盛りしなければならない役職者が大勢いる。彼らには直属の部下は1人もいない。「劇団ひとり」ならぬ「チーム自分ひとり」なのだ。筆者自身もこの境遇に近い。

筆者は、なぜ日本は生産性が低いのかについて調べる過程で、多くの業界・企業の人から話を聞いた。すると、自分と同じようなワンオペの人々が非常に多くいることを知った。彼らの肩書きは、部長、副部長、次長、部長代理など、上級管理職である。

おそらくこうした構造変化が生じた原因は、会社の人員構成が高齢化したために若者が少なくなり、全体に占める中高年の割合が圧倒的に大きくなったことにあると考えられる。

そのため、ワンオペの管理職が激増したのだろう。

最近は、ここに新しい仲間が加わった。定年延長で残っている人たちである。彼らもまたワンオペが多い。会社には、役職定年というルールがある。55歳頃になると、役員になれなかった人は部長などの管理職を外れる。大人数のチームを何十年間も率いてきた人も、役職定年後はワンオペ仕事になる。サラリーマン人生は、新入社員として生まれて1人、そして終わるときも1人に戻る時代がやってきた。

家族や友達は、あなたが役職者だと聞いて、十数人の部下がいるリーダーだと思い込んでいる。実際は、私もあなたもワンオペなのである。しかし、この事実を恥ずかしいなんて思う必要はない。なぜならば、組織の中であなたの役割は重要なのだから。それなりに業績にも貢献している。組織もかけがえのない人材だと認めている。単に、直属の部下がいないだけだ。ひとりぼっちの仕事を恥じることはまったくない。

しかし本来、企業とは、大人数が協働することによって1人仕事よりも生産性を高めることを目的として作られたはずである。ここに大きな矛盾がある。

心配すべきは、未来のことだ。あなたは誰も他人を育成していない。あなたが会社からいなくなると、あなたが果たしてきた重要な役割が世の中から完全に消滅する。後任者が異動して来ても、その人にあなたのノウハウを一子相伝で教えられるわけではない。その後任者もワンオペで仕事をしながら必要なことを自分ひとりで身につけるしかないのだ。

つまり、組織における能力継承がうまくできないという、より深刻な問題もはらんでいるのだ。生産性を上げるために日々努力している人々のノウハウが、10年後、20年後に誰にも継承されないまま途絶していく。それらの損失こそ大問題である。

■旧日本軍と共通する体質

「生産性を高めよう」が日本企業の合言葉になっている。きっかけは2016年に安倍晋三政権が「働き方改革」を提唱したことだ。

ところが今、多くの日本企業では、このように個人のオペレーションに強く依存したかたちで、生産性上昇を果たすことが求められている。本来、成果を得るためには組織が予算や権限を柔軟に駆使すべきであるのに、そうした発想で変革を考えることはない。あらかじめ決められた経費削減プランと、限られた人員……制約がさまざまにあるなかで、どうしようもなく、「個人の頑張りで何とかしろ」という発想へと追い込まれている。

また、むやみに労働時間が長い傾向もある。あまり意味のある仕事とは思えないのに、やたらと作業量が多く課せられ、やってもやっても終わらない。挙げ句、サービス残業や自宅への持ち帰り仕事でなんとかしているという人も多い。時間外労働を規制すれば過重労働が減るというのは、甘い考えだ。

個人のオペレーションに過度に依存する図式は、太平洋戦争中の日本軍と二重写しになる。『失敗の本質　日本軍の組織論的研究』（ダイヤモンド社）では、次のように旧日本軍の体質を述べている。

「日本軍はある意味において、たえず自己超越を強いた組織であった。それは、主体的というよりは、そうせざるをえないように追い込まれた結果であることが多かった。往々にして、その自己超越は、合理性を超えた精神主義に求められた。そのような精神主義的極限追求は、そもそも初めからできないことがわかっていたものであって、創造的破壊につながるようなものではなかったのである」

現代の日本企業は旧日本軍と同じではないが、両者がまったく別だとも言い切れない。組織のなかに依然として、共通した体質をほのかに感じられる。しかも、組織が外部から制約を受けて危機に瀕するほど、共通した体質がにじみ出てくるところが怖い。

私たちは旧日本軍の失敗から学ぶことができる。『失敗の本質』では、過去の成功体験が意思決定の足かせになって、組織が自己革新を遂げることができなかったエピソードが繰り返し紹介される。旧日本軍は、自分たちは白兵戦（個人のオペレーション）に強みがあり、物量（予算）の差をはね返せると信じていた。この思い込みは、戦局が悪化していくほど逆に強固になる。そして敗戦ギリギリまで、一発逆転が可能だと信じていたのである。こうした発想は、現在の日本人の思考の奥底にも根強くあると思われる。

■個人に責任を押しつける企業と政府

筆者は本書の執筆を思い立ったとき、生産性に関する書籍をかき集めてみた。巷に溢れる書籍の多くは個人のスキルアップの指南書だった。これらはそれなりに役立つのだろうが、いくら個人が頑張っても、企業組織やチームの生産性は、全体の機能やビジネスモデルが変わらなければ、大きく向上することはない。個人の仕事術を無数に積み上げても、集団的な生産性の向上は難しいからだ。

逆に言えば、個人の自己啓発や仕事術の本ばかりが多く出版されるのは、そこに強いニーズがあるからだ。つまり、生産性の向上のために、はなから組織やチームを改革の単位として考えない日本の読者には、個人のスキルアップという発想しかないのだ。

さらに深読みすると、個人のスキルアップがこれほど望まれる背景には、世の中にワンオペの人がそれだけ多くなっているという事情もあるのだろう。１人仕事でうまく成果を引き出すためのコツ、手法を知りたい。だから本書では、そうした多くの人々のニーズも視野に入れて、組織・チームの生産性だけでなく、個人の生産性向上についても取り扱うことにした。

しかし、個人単位で生産性上昇を考えることが本当に望ましいのか。筆者は疑問がぬぐえない。「ワンオペが増えたのだから、自然の成り行きとして、生産性を考えることも個人単位になった」という見方で、問題を素通りすべきではない。

もしかすると、会社がワンオペ化を望んでそうなった部分があるかもしれない。つまり、企業の生産性上昇というミッションを、企業経営者が組織として考えることをせず、個人に丸投げしている側面が隠れている。この点には、少々こだわって考えてみたい。

もっとも、組織・チーム、あるいは企業という単位で生産性の向上を考えようとしても、「自分は変革なんてできない」という人がほとんどだろう。そもそも自分には権限がなく、予算もない。変革などできないに決まっている、という制約だ。とくにチームの一員に組み込まれている人は、そうした制約をあらかじめ受け入れて、自助努力で生産性を上げることが求められている。「あなたは、自分に与えられた役割のなかでうまくやればよい」という不文律があって、あなたが組織を変えることを思考の外に置いてしまってはいないだろうか。

その歪みが最も如実に現れているのが「働き方改革」というスローガンだ。これはもっぱら「あなた個人の働き方を変える工夫はないのか?」と、個人に責任を押しつける発想を、さも当たり前であるかのようにあなたに求めているのである。

■過去の成功体験が私たちを束縛する

旧日本軍の失敗からは、それの逆を目指せばよいとの教訓が得られる。私たちが目指すべき戦略は、まず「物量重視」。次に決戦よりも「持久戦志向」。最後に「判断の柔軟性」。この3つである。これを現代の経営に焼きなおすと次のようになる。

(1) 生産性を引き上げるために現場が予算を使い、投資ができること（物量重視）
(2) 技術の優秀さよりも継続して儲ける型（フレーム）をつくること（持久戦志向）
(3) 新しいテクノロジーを採用し、外部環境の変化に対応すること（判断の柔軟性）

これに対して「予算を増やしても簡単に成功は得られない」という反論が予想される。じつはまったくその通りだ。新しい試みの失敗は、不可避である。また、人々は予算をうまく使う習慣が定着していないから、無駄も目立つだろう。それでも、生産性を上げるためには経営者は腹をくくって試行錯誤を続けるしかない。それしか選択はないからだ。

また、（3）の判断の柔軟性を確保することも難しい。判断の柔軟性を高めるには、現場の情報をいち早く吸い上げ、技術の取捨選択を各部署に任せる分権的運営がよい。中央集権的に予算と権限を絞ると機動性も柔軟性も失われる。各部署の自由に任せることを阻んでいるものは、やはり成功体験であろう。ただ、その内容については少し詳しい説明を必要とする。

「成功体験」と聞くと、かつては高度成長時代を連想する人が多かった。しかし、いまやデフレ時代を長く生き抜いた世代が中高年サラリーマンの中核である。彼らにとっての成功体験とは、長期のデフレやリーマンショックの危機の中で、経費削減や投資抑制で企業の増益を確保したことだ。人員も予算も抑えて、損益分岐点（採算ライン）を低く保つ。いわば暴風雨の中、「守り」の戦略によって利益を捻出してきたことである。

近年、批判の的になっている企業の「金あまり」は、その成功体験の副産物といえる。企業のバランスシートに巨大なキャッシュが積み上がるのは、企業のどこかに守銭奴がいるからではない。全員が節約を優先する習慣に過剰適応してしまっているからだ。過去の成功体験から、余剰資金を高い収益資産に投資する発想よりも、組織を統制してキャッシュフローをコツコツ増やすことに執着するのである。

すでにリーマンショックは去り、２０１２年頃から大企業も中小企業も平常モードに戻ってよい状態になった。それでも節約習慣から抜け出せていない。売上数量の伸びは00年代より鈍くても、経常利益率は以前より高く、増益の企業が増えている。景気がある程度よくなったのだから、本来ならば将来の収益拡大に向けて、予算をかけて実験的に新規事業へのチャレンジをするときである。優秀な人材を選んで、新しいことを模索させるときである。ところが、ヒト・モノ・カネを三位一体で攻めに使う方向には向かいにくい。

結局のところ、私たちは節約で利益を積み上げるという成功体験から抜け出せない。こうした成功体験を個人レベルの努力によって捨て去ることは不可能に思える。皆が一度信じ込んだことを捨てるのは、理屈を超える困難さがある。

■もはや先進国で最下位レベルの日本

私たちはこうした困難を抱えているからと言って、何もしないでいてよいわけではない。実際、すでに日本企業の生産性は先進国の最下位レベルまで落ち込んでしまっている。

「生産性が低くても、生活レベルがそれほど変わらないのであればオッケーじゃん」という意見もあるかもしれない。だが、生産性の低下にともない、日本は確実に貧しくなっている。

では、生産性を向上させるにはどうすればよいのだろうか？

本書で述べていく生産性についての知識は、ミクロ（個別事例）とマクロ（経済全体）でどのような問題点があるのかをバランスよく論じたつもりである。個々のノウハウも、生産性をめぐる全体観をつかむことで、自分のものとしやすくなる。能力は知識を疑似体験して考えることで血肉化するものだ。

しばらくの間、生産性をめぐるストーリーにお付き合いいただきたい。

熊野英生

目次

なぜ日本の会社は生産性が低いのか？

第4章　生産性を上げるにはどうすべきか？　191

第1章　日本企業はなぜ生産性が低いのか？

1　堕落した日本企業

■ジリ貧の国民所得

日本は豊かな国であると信じられている。豊かな生活、豊かな社会資本——。ところが、豊かさを単純に所得水準で測るとどうなるか。こちらの尺度を使うと、日本は必ずしも豊かとはいえない。

もっとも手軽な統計の尺度としては、1人当たりの国民所得の世界ランキングがある。国民所得とは名目GDP（国内総生産）から資本減耗と間接税（マイナスの補助金）を除いた概念である。そのランキングにおける日本の順位は、この30年間で大きく変動した。

OECD（経済協力開発機構）加盟国での順位は、2016年の段階で日本は35カ国中19位である。トップのスイスと比べると、1人当たりの国民所得は半分以下（約49％）ときわめて低い。日本はいつの間にか相対的に低所得の国に変わっているのだ。下手をすると20年の東京五輪が終わった頃には、さらに順位が落ちる可能性もある。

OECD諸国の1人当たり国民所得（2016年）

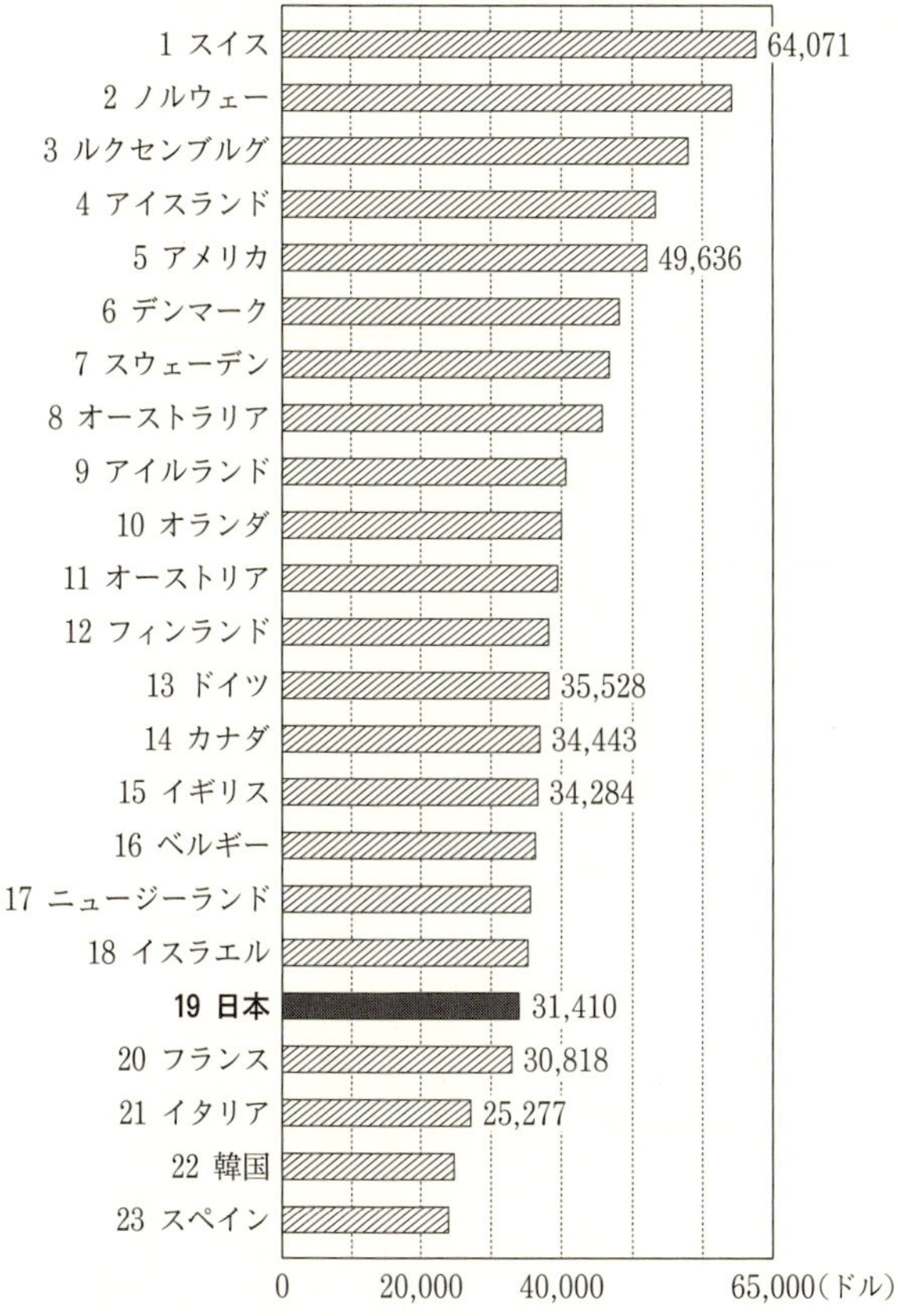

出所：OECD

過去、日本はこのランキングにおいて1986年から97年までの12年間は3位か4位を保持し、世界のトップ層であった。米国と比べても97年までは日本のほうが上位だった。ところが現在、米国との差は逆転し、1人当たりの国民所得は米国の6割強にまで下がっている。

■日本がアジア諸国に追い越される

これは何も数字上のマジックではない。たとえば、東京都内を歩く外国人観光客は、年々リッチになっている。銀座や日本橋には、日本人よりも身なりが上品なアジア人が溢れている。しかも年々ファッションセンスは格段に洗練されてきている。

逆に日本から海外に行くと、どこもかしこも物価が高い。少し良いところに足を伸ばすと、日本と比べ法外な値段を請求される。やはり日本が良いと感じるのは、心理バイアスではなく、実際の購買力の差が広がっていて、日本のほうが物価が安いからである。

1998年頃からはじまった日本経済の凋落はここまで来たかと思い知らされる。

日本の経済的地位の低下は、生産性の低下によって生じたものだ。もともと日本の1人当たり生産性は主要先進国の中で低い伸びであったが、いまやオーストラリア、アイルラ

日本の国民所得ランキングの推移

（OECD 諸国内での１人当たり国民所得ランキング）

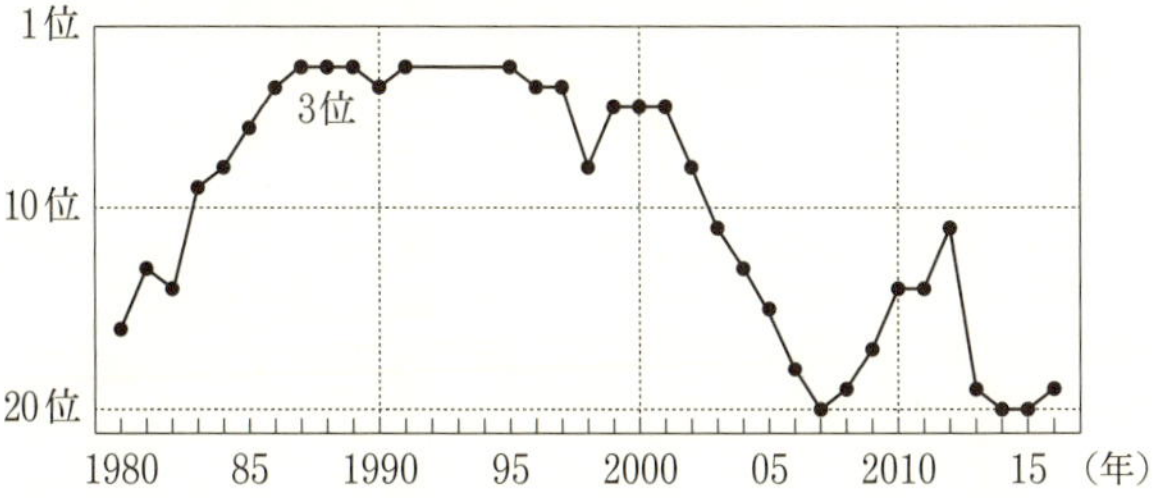

出所：OECD

ンド、イスラエルにも抜かれてしまった。

１人当たり国民所得は、国民所得を就業者と失業者、そして高齢者、子どもといった非労働力人口を加えた数で割ったものだ。それに対して１人当たり労働生産性は、名目ＧＤＰを就業者数で割ったものだ。

「日本はすでに成熟化していて、成長の余地は限られているから仕方ない」という反論をする人もいるが、これは説得力がない。同じように成熟化が進んだほかの先進国が、日本よりも持続的な生産性上昇を遂げているからだ。むしろ、日本はほかの先進国に比べ、何か個別の要因が足を引っ張っていると考えるほうが妥当だ。

確かに現在の日本は高齢化が進み、人口に占める労働力の割合は低下した。その割合は90年代の63％から、２０００年代以降は60％前後に変化した。ただ、それだけではこれほど劇的な生産性の低下はない。やはり、就業者のパワーが衰えたのだと考えるのが妥当である。就業者の1時間当たりの名目労働生産性でみても、35カ国中20位である。

90年代から現在までの大きな変化といえば、非正規雇用に就業者がシフトしていったことがあげられる。非正規雇用労働者の「働かせ方」が工夫されず、従業員全体の能力発揮を抑制し、就業者のパワーが出にくくなったとの見方もできる。非正規労働者の能力発揮や正規雇用への転換をもっと真剣に考えるという課題が見えてくる。

■人口減がもたらす負の連鎖

2000年代から日本経済がいかに衰えたかは生産性のデータによく表われている。名目値の1人当たり生産性は、00～09年は平均△0・4%とマイナス成長だった。10～17年にようやく平均で1・0%まで上昇した。それでも他国との生産性上昇のペースの差を埋められず、日本の順位は低迷し続けた。

日本の黄金時代の1980年代は、躍進がよりスピーディだった。80～89年の名目の生産性上昇は平均5・0%だった。

時間当たり労働生産性（2016年）

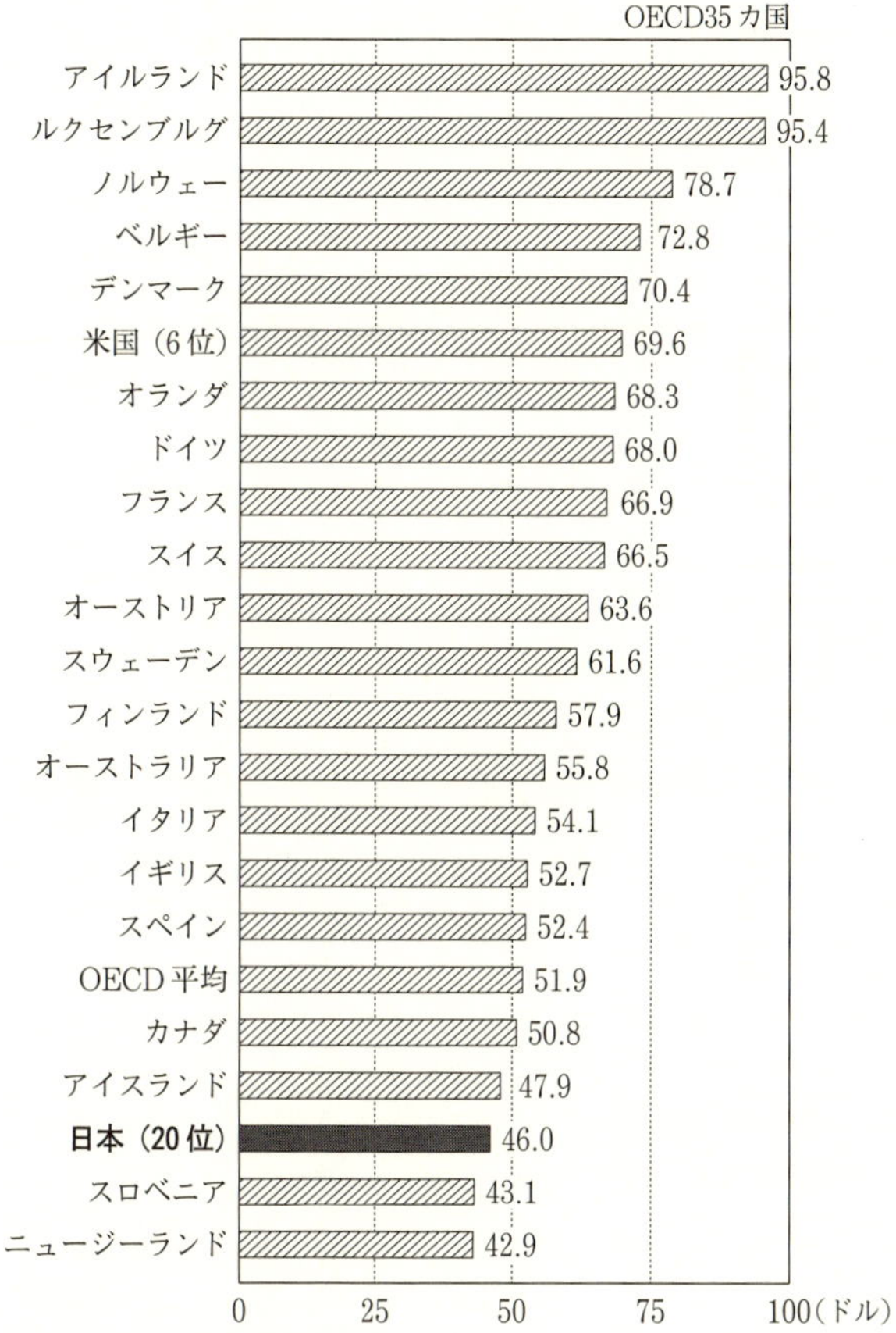

単位：購買力平価換算USドル
出所：日本生産性本部

日本経済の停滞は、人口減少が原因だという人は多い。筆者も基本的にそれに異論はない。日本の人口増加率（住民基本台帳ベース）は17年で前年比△０・１２％である。外国人の増加がなければ△０・２４％だった。かつて、90年は０・４％、00年は０・３１％の増加率だった。それが08年からマイナスが定着することとなる。

この人口マイナスは、経済成長率が０〜３％で変動しているのに対して僅かな変化に過ぎないように見えるが、過小評価は危険だ。人口減になると、市場が小さくなり、投資が乏しくなるのが怖い。顧客が減り、過剰生産が生じる。企業が収益を落して、リスクに過敏になり、やがて新しい技術への挑戦も停滞する。人口減↓投資減↓リスク慎重化↓イノベーション停滞という負の連鎖が起こる。需要減退が、玉突き現象のように加速する逆レバレッジ効果が、人口減少率以上に成長率のマイナス幅を拡大させる。

実際、各国の人口増減率と経済成長率の関係にも微妙な対応関係が見出せる。10〜15年にかけて日本、ギリシャ、スペイン、ポルトガルは、人口減と低成長率が併存する。財政赤字に苦しむ国のグループとも重なる。反対に、カナダ、メキシコ、スイスは、１・０〜１・５％未満の人口増で成長率は高い。日本の生産性は、こうした投資減、リスク慎重化、イノベーション停滞という逆風にさらされて低迷しているのだ。

人口増減率と経済成長率

2010〜2015 年の実質GDPの年平均成長率

人口が減少している国々

ブルガリア	ハンガリー	**日本**
ギリシャ	ポーランド	ドイツ
ポルトガル	ルーマニア	スペイン

0.75%

人口が微増の国々（0〜0.5%未満の伸び率）

チェコ	フランス	韓国
オランダ	デンマーク	

1.68%

人口が少し増加する国々（0.5〜1.0%未満の伸び率）

中国	オーストリア	香港
イタリア	ベルギー	スウェーデン
フィンランド	イギリス	ブラジル
アメリカ		

2.39%

人口が増加する国々（1.0〜1.5%未満の伸び率）

スイス	ペルー	イラン
カナダ	アルゼンチン	トルコ
ノルウェー	メキシコ	インドネシア
コロンビア		

3.60%

人口がより増加する国々（1.5%以上の伸び率）

カンボジア	マレーシア	ケニア
オーストラリア	アルジェリア	エジプト
サウジアラビア		

3.82%

出所：IMF、世界銀行

■上がらない賃金

日本の経済成長力を考えるときに、リーマンショック以後の変化を正しく捉えておく必要がある。

まず、デフレが終わったことが特徴だ。物価が下がりにくくなり、名目GDPも上昇するようになった。1人当たり生産性は、先述のとおり、2010～17年にかけて年平均1・0％で伸びている。

この名目値の生産性は、1996年までは右肩上がりで、98～99年は金融不安の影響で上下動し、00～07年まではほとんど横ばいだった。この時期はデフレの真っ只中であった。当時は景気拡大期で、いざなぎ景気を抜いたが、デフレだったため、「実感なき景気拡大」といわれた。ところがこの時期、数量ベースでみた実質の生産性は、緩やかではあるが、着実なプラスだった。財やサービスが安くなって多く売れるようになったのが、リーマンショック手前までの時期である。

そして、リーマンショック以後、デフレに戻るかと思ったが、そうはならなかった。ほとんどの企業は、11年の東日本大震災を経ても、経常収益の水準を厚くした。14年に消費税が５％から８％に上がったが、このショックに対してもどうにか価格転嫁で対応した。消費税は政治的には悪だと捉えられるが、日本企業はしたたかに対応したのである。

１人当たり生産性は消費税の転嫁を進めて、14年は１・４％上昇、15年は３・０％上昇と、むしろプラス幅を拡大している。リーマンショック後の10～17年は一見すると、97年までの右肩上がりの生産性と成長力をゆっくりと取り戻しつつあるかに見える。

00年以降に生産性上昇が止まり、10～17年に再び上昇した理由は何だろうか。この変化は、「デフレ経済を脱却しつつあったため、生産性も上がった」という解釈をあてはめることができる。

また、賃上げ停滞の影響も見逃せない。春闘交渉は、90年代の金融不安の中でも、99年頃まではベースアップ（ベア）のプラス部分が残っていた。それが00年頃から業界ごとにベアゼロを受け入れるようになった。02年になると、経営側がベアゼロを公言し、「賃上げは非常識」というキャンペーンを張った。その影響によって、物価が労働コストによって押し上げられる作用が止まった。そして企業は派遣をはじめとする非正規雇用を多用しはじめ、正規雇用者の業務を機能分解していった。

こうした企業の業務変革は、効率化によって全体の労働コストを下げて企業収益を厚くするには貢献するが、非正規も含めた全従業員の生産性を高めるものではない。単に付加価値のなかで労働コストを下げていき、労働分配率を下げる結果を生んだに過ぎない。そのため、00年以降に生産性が上がらなかったのだと考えられる。

それが良い方向に変化するのは、12〜14年からである。経済が正常化して、14年から安倍政権は賃上げ促進の働きかけを強め、徐々に中小企業でもベアがプラスに浮上してきた。これが生産性向上に寄与した。

■生産性が落ちると国が貧しくなる理由

ところで、日本の生産性が低下することは、私たちに何をもたらすのだろうか。

ひとくちにいえば、日本が貧しくなるということだ。

生産性の伸びが高く、その水準も高い国は、賃金水準もまた高い。たとえばスイスの場合、時間当たり生産性は日本に比べて1・4倍ある。賃金は、製造業の時間当たり労働コストでみて2・4倍もある。スイスは輸出競争力が強く、高級時計などは日本でも人気が高い。同じく製造業の強さが特徴のドイツも全体平均の生産性は日本の1・5倍、賃金は1・8倍（製造業）である。「賃金が高すぎて競争力が失われる」のではなく、因果は逆で、「輸出競争力があるから賃金も高い」のである。

仮に生産性の伸びが低く、輸出競争力が劣位になるとどうなるだろうか。

生産性の伸びが低いということは、海外との品質改善競争で負けるということだ。すると利益を確保しにくくなるから、コストダウンをして競争力を維持するしかない。つまり賃金を削られる。そうなると自国の稼ぎでどのくらい海外製品を購入できるかという交易条件は悪化する。1単位の賃金で購入できる輸入量は減ってしまうということである。稼いだ賃金で購入できる輸入品の量が少なくなるということは、国が貧しくなることだと理解できる。

円安になると輸出競争力が回復したように見えるが、その反面、輸入品は割高になり、家計は購買力を奪われている。円安では国民は貧しくなるのだ。逆に円高のときは、輸出企業は苦しいが、交易条件は有利なので、家計の購買力は向上していることになる。

1980年代から90年代にかけて、日本経済は超円高に何度も苦しめられた。これは、当時の日本は生産性が高く、それだけ競争力が強かったがゆえに、超円高の副作用も大きかったと理解できる。

最も理想的なのは、日本の輸出企業の製品が多少の円高でも競争力を失わずに輸出数量を伸ばせる状態である。このとき輸入品は割安になり、国民生活は豊かになる。スイスやドイツの現状はこれにあたる。

私たちは、過去の日本の生産性ランキングが上位にあったことを誇らしく思ってきたが、それは単に精神的な支えとなっていただけではない。実際、輸入コストの低下を通じて、国民生活を潤していた。私たちは、当時はそのことに気付かなかっただけだ。

一方、近年は日本銀行主導の円安により、輸入品が高くなった。家計の購買力は奪われ、昔のように海外旅行でブランド品を安く買えると喜ぶこともなくなった。また、来日する外国人観光客がリッチに見えるのは、為替のせいだけではない。それらの国々の生産性が長い間日本を上回る勢いで伸びてきたからである。

今のところ、日本は先進国のなかで生産性のランクを落としてはいるが、復活のチャンスは十分にある。マラソンにたとえると、まだ長い後半戦が残っている。新たに目標を設定し直して、競争力の強化、生産性上昇の加速を心掛けなくてはいけない。

■ドイツの中小企業に学べ

では、日本はどのような国をモデルにして、生産性上昇を目指していけばよいのか。

ひとつの方法として、米国を目指すという目標設定がある。米国の時間当たり生産性は日本の１・５倍になる。米国への憧れを生産性問題に重ねて説明すれば、一般人にもわかりやすい。

しかし、米国をモデルにすることは、日本に相応しいとはいえない。米国をＧ７各国のなかで比べてみると、その生産性の高さは突出している。産業構造も異なる。米国はプロレスラーのようなマッチョマンで、ひ弱な日本とはまるで体型が違うのだ。日本がその産業構造をいきなり模倣しても、生産性上昇を実現するまでの道程はあまりにも長すぎる。

そのため、日本と産業構造が似ていて、それでいて日本より生産性の高い国をモデルにしたほうが現実的だ。グルーピングすると、産業別の就業者数のウェイトは米国とイギリスはよく似ていて、フランス、カナダ、オランダも両国に近い。いずれも第３次産業、サービス業のウェイトが高い。

日本はドイツ、イタリア、韓国と似ている。その特徴は、製造業のウェイトが高く、サービス業のウェイトが低い点だ。製造業の生産性が比較的高く、建設業や卸売業の生産性が低い。つまり全体の生産性を牽引しているのは「ものづくり」であり、そこを起点にして他産業へも生産性上昇効果を波及させているという特徴が推察される。

では、なぜドイツは生産性が高いのか。

ドイツの特徴としては、労働時間の短さが挙げられる。OECDのデータではドイツの労働者1人当たりの労働時間は年間1356時間（2017年）で、日本の1710時間と比べて2割も短い。日本の平均労働時間は、非正規率が高くなって、正社員の労働時間の実態は、はるかに長いと考えられる。したがって、正社員の平均労働時間はドイツに比べて2割どころかもっと大きな差がある。これは、日独の時間当たりの効率性に大きな差があるからだろう。日本もドイツも製造業に強みがあって職人のこだわりに競争力の源泉があるとされるが、その反面、アウトプットされる時間当たりの付加価値には大きな差がある。この事実は、日本の製造業には改善の余地が大きいことを示している。

ドイツ製品の付加価値の強みの例として、高級自動車にみられる品質へのこだわりがある。消費者のどの階層をターゲットにするかという場面で、ドイツの自動車メーカーはハイエンド・ユーザーが満足できる水準に焦点を合わせて品質を向上させる。消費者は、一度その品質に馴染んでしまうと、高価格であってもドイツ製品を求めるようになる。アクセルを踏んだときの微妙な加速感の違いが、ドライバーの脳を刺激する。富裕層はその体感のために、多額のお金を支払う。やや抽象的にいえば、価格に対する需要の感応度が低くなるように知恵を絞って、製品を差別化するということだ。そこにお金を支払っても惜しくないと思わせる。これが高付加価値化の意味である。

ドイツの生産性の高さを学ぶ際、日本が持つポテンシャルのなかで、まだ十分には開拓されていない力に気付く必要がある。それは中小企業の成長力である。ドイツの中小企業は「ミッテルシュタント」と呼ばれている。このミッテルシュタントがドイツの輸出競争力を支えていることはよく知られている。

ドイツの経営思想家ハーマン・サイモンは、世界市場で活躍するドイツの無名企業を「隠れたチャンピオン企業」と呼んだ。このチャンピオンの定義は、「世界市場で上位3位以上のシェアを占めているか、あるいは大陸市場で1位を占めているか」である。対象とする市場は、旅客機用内装、観賞魚用餌、風力発電タービン、劇場の舞台装置といった特殊な市場、いわゆるニッチ市場である。消費者向けに価格競争をするのではなく、企業向け・業務用の市場で非価格競争力を発揮して高い利益率を保持する。このニッチ市場の勝者が「隠れたチャンピオン企業」である。

ドイツの輸出の約7割は、従業員２０００人足らずの企業によってもたらされている。ドイツが輸出によって成長している姿は、こうした企業によって支えられているのだ。

■日本にもある「隠れたチャンピオン企業」

サイモンは世界中の隠れたチャンピオン企業をリストアップして、2000社以上と数えている。約3分の2がドイツ、オーストリア、スイスなどドイツ語圏にある。北欧や北イタリアにも多いが、米国は300〜500社、そして日本は200〜300社と少ない。

これら約2000社の隠れたチャンピオン企業は、売上高平均が500億円（4億3400万ドル）、従業員数平均2000人で、この規模は中小企業というより中堅企業と呼ぶべきかもしれない。自国以外に多角的に展開して、輸出比率は平均61・5%にのぼる。

日本でもグローバル化のかけ声はよく聞くが、各国の統計を比較すると、決して輸出大国とは呼べない。とくに中小企業のグローバル化は進んでおらず、実態としては「グローバル化を進める大企業の下請け」として海外需要の恩恵を受けているにすぎない。つまり日本の中小企業の多くは自前で輸出をしているわけではなく、グローバル化の恩恵を十分に享受できてはいない。

ドイツを中心とした隠れたチャンピオン企業は、とても狭い分野で世界市場を席巻し、独占的な地位を築いている。ここでの競争力は価格競争力ではなく、顧客にとってなくてはならない存在という価値を提供している。

■狭いエリアで戦い、価格競争をしない戦略

生産性が高いということは、企業収益が厚くなり、かつ勤労者の賃金がスキルの分だけ多くなるということである。そのためには、狭いエリアだけで戦い、そこで価格競争をしない戦略が有効になる。

たとえば、日本国内の特定地帯で消費者向けに値引き競争をすると、生産性はどうしても下がる。逆に、競争の市場を狭くとってニッチ市場で非価格競争をすれば、安価競争には陥らない。取り扱うのは旅客機用内装、観賞魚用餌といったニッチ製品だが、顧客を海外の広いエリアに求めることができる。旅客機は世界中で飛んでいるし、観賞魚愛好家は世界中にいる。市場の成長力は高い伸びが期待できる。こうしたポジションを狙うのが、隠れたチャンピオン企業になる戦略である。

日本にある優れた中堅・中小企業については、ニッチ市場で活躍するグローバル化したトップ企業、グローバルニッチトップ（GNT）と呼ばれることもある。経済産業省は、

グローバルニッチトップ企業100選（2014年発表分）

北海道	3社	機械・加工部門	52社
東北	3社	素材・化学部門	20社
関東（東京以外）	10社	電気・電子部門	15社
東京	24社	消費財・その他部門	13社
中部（北陸以外）	12社	ネクストGNT部門	7社
北陸（4県）	12社		
関西（大阪以外）	10社		
大阪	18社		
中国	5社		
四国	5社		
九州	5社		
計	107社		

北陸：
球面ころ軸受組込用ローラ
視力補正用高屈折偏光レンズ
服飾用トリミングテープ

中国：
カニカマ製造装置
高級デニム素材
レーザー傷検査装置

出所：経済産業省　個別企業名・代表者名は経済産業省のホームページに掲載

それに該当する中堅・中小企業を107社リストアップして紹介している。

その顔ぶれは、ほとんどが製造業である。地域としては、東京都24社、大阪府18社と、中小企業の集積地にやはり多い。反面、それ以外の65社は全国に散らばっているから、場所を選ばずに優秀な中堅・中小企業は存在するのだ。目立つのは、石川県・福井県など北陸地域に優秀な企業が多いことだ。おそらく、繊維産業が昔栄えた地域で、産業転換を図った企業が、今でも競争力を誇っているということだろう。

筆者は、昔は繊維で栄えた栃木県足利市に行ったときに、近年になって事業を変えて魅力のある企業に育てた経営者たちに出会ったことがある。伝統の力を現代の需要獲得に生かすことができるということだ。筆者にとっての地方経済の印象は、国内経済全体の縮図である。日本全体のグローバル化と同じくらい地方経済においてもグローバル化している。そういった企業は決してメディアでは有名ではないし、ネット検索でも正確に調べ上げることは難しい。

これらのグローバルニッチトップ企業は、私たちが日常であまり目にすることのない、B to B（企業向け）の事業で独自の牙城を築き上げている。

■勝負ポイントは「価格」ではない

では、中小企業がグローバル市場で勝つにはどうすればよいのか。理想的には、自分たちが得意とする独自の技術力を生かして、実質的に競争相手が居ない独占市場をつくることである。しかし、これを一般的原理に置くのはハードルが高すぎる。

むしろ、顧客ニーズのなかに隠れた、自分だけが得意とする業務エリアを探し出し、そこに経営的リソースを注ぎ込み、徐々に競争力を養うことがニッチ市場で勝つ秘訣になる。目指すのは、顧客の細かい要望を見逃さずに受け止めること、それを実現するにはどうすればよいかを考え抜くことである。

隠れたチャンピオン企業に対するアンケートによれば、顧客が要求項目として重視するのは、首位が「製品の品質」で、以下、「経済性」、「納期の厳守」、「販売前のアドバイス」、「顧客との緊密な関係」と続く。

ここで「価格」は8番目である。価格よりも重要な項目が7つもあるということだ。複雑でやっかいな顧客の要求に応えられるということは、長期的にみて顧客から頼りにされる信頼感をつくる。

サイモンの研究では、潜在的な競争相手に対して価格差が28%になると、顧客の半数が離反していくという。逆に考えると信頼のプレミアムは20%程度もあり、それが非価格競争によって生産性を高めていると理解できる。

一方、ニッチ市場に特化することには批判もある。事業のポートフォリオの面から見ると、ひとつの市場だけに過度に依存すると、万が一その市場を失った場合、企業が存続不可能になるリスクがある。また、顧客ニーズが幅広い場合、自分たちの事業も広がってしまうという不安もある。その点は、確かにそうだ。

しかし、事業のポートフォリオを分散してつくっても、競争力を持たなければ安全性は保てない。リスクに強くなるには、独自の競争力を獲得することが必要となる。そのためにも、事業の選択と集中が求められる。高い利益率を持つ収益源を確保したうえで、投資や研究開発の資金を増やす。潜在的競争相手から大きく距離を置くことで、弱点をカバーするという発想だ。

ニッチ戦略に似た作戦として、「ジャンルトップ作戦」がある。他社がまだ目をつけていないジャンルで世界トップを目指すという方針である。すでに競争相手がいるジャンルでは、そこに参入しても後発企業となり、利益率は低くなりがちである。誰も目をつけていない市場で初めて市場開拓をすると、利益率は低くなりにくい。

■スイス時計はなぜ生き残ったか？

中小企業が非価格競争力を高めることに活路を見出した例はスイスにもある。スイスも中小企業が国内経済の70％を占めているが、一例として、時計産業に注目してみる。現在でこそスイスの時計はブランドとしての地位を確立しているが、かつては時計産業が危機に見舞われ、存続が危ぶまれたことがある。

1973年、クォーツ危機がスイスを襲った。クォーツ時計は、電気で水晶を振動させて周期を刻む新技術として登場した。当時、日本メーカーはスイス製よりも安価なクォーツ時計を大量生産して、スイス時計のシェアを奪っていった。スイスの時計産業は73年から10年間で苦境に陥り、業界全体で9万人が失業した。

これに対抗するため、スイスの時計メーカーは腕時計を薄くするプロジェクトを開始した。79年に世界一薄い2ミリメートル以下の極薄時計を発売する。しかし、それだけでは挽回できなかった。次にプラスチック製の時計をつくり、デザインで勝負した。需要は欧州から回復して、米国、日本でも人気が出た。

80年代半ばはスイス時計復活の時代となった。デザインを重視し、マーケティングで需要を差別化して販売していった。91年には自動巻きで文字盤が一部透けて見えるモデルを発売。スイス時計は現在、ファッションの一部となって、まさに非価格競争力の象徴のようになっている。スイス時計といえば、高級時計というイメージが確立した。

大衆市場では、ムードの変化によってファッションの最先端も変わるため、需要は脆くてうつろいやすい。さらに潜在的競争相手の登場を招きやすい。それに比べてスイス時計のようなラグジュアリー市場は、ムードに左右されにくく参入障壁が高い。

スイス時計は今後も世界市場において、インド、ブラジル、トルコ、インドネシアなど

業種別労働生産性の変化率

2010 年〜2016 年、単位 %

	名目	実質	労働投入量	（参考）就業者数・2016 年
農林水産	39.6	0.6	△18.7	260 万人
製造	13.7	13.4	△4.4	1,016
建設	27.2	21.5	△2.6	494
卸小売	11.8	10.8	△4.2	1,147
電気・ガス・水道	7.9	△28.4	△3.2	58
運輸・郵便	10.9	1.0	△3.6	396
情報通信	3.9	5.4	1.2	182
金融保険	△3.0	18.0	△4.0	170
不動産	△7.3	△3.7	10.9	110
宿泊飲食サービス	4.5	△2.0	△4.2	410
専門・科学技術サービス	△2.2	△6.2	14.9	579
公務	4.8	3.6	△0.7	195
教育	8.8	8.5	△2.1	190
保健衛生	△1.8	△4.3	20.1	847
その他サービス	△2.4	△6.1	0.2	626
合　計	7.0	5.3	0.0	6,685

出所：内閣府「国民経済計算年報」

サービス業の就業者数は、2010 年から 2016 年にかけて 136 万人増加。そのほとんどが保健衛生の 153 万人と専門・科学技術サービスの 87 万人によるもの。
実質生産性 5.3% の伸びを引っ張っているのは製造業（寄与度 41%）と卸小売業（同 36%）と建設業（同 32%）。その他サービス、専門・科学技術サービス、保健衛生は併せて△9% の寄与。

中間所得層の人口増が見込まれる市場での成長が期待される。スイスは時計以外にも、金融、医療機器、医薬品、食品、観光などの産業においてグローバル企業を輩出している。

■日本の弱点は「サービス業」

企業はどのようにすれば生産性の上昇を導けるのだろうか。マクロの生産性を細かく業種別に分解していくと、より理解を進めることができる。

業種別データ（43ページ参照）を見ると、２０１０〜16年の労働時間当たり生産性の平均変化率は、名目の生産性が7・0％の上昇に対して、実質の生産性が5・3％と鈍い。実質では、物価がプラスになる分、低めに表れる特徴がある。

実質の生産性は、第2次産業では、製造業13・4％、建設業21・5％と、より伸びが高い。その一方で、第3次産業の卸小売業は10・8％、電気・ガス・水道、運輸・郵便、情報通信、金融保険、不動産をまとめた資本集約型サービス業は4・9％、宿泊飲食サービス、専門・科学技術サービス、公務、教育、保健衛生、その他サービスをまとめた労働集約型サービス業は△2・9％と低下していた。日本の弱点はサービス業にあるようだ。

サービス業の生産性についてのより詳細なデータは、総務省・経済産業省「経済センサ

サービス業の業種別労働生産性

（　）は平均年収

1.	放送業	1,200 万円	(769) 万円
2.	学術研究・開発研究機関	1,136	(695)
3.	専門サービス業（税理士、会計士、弁護士、コンサルタントなど）	1,023	(430)
4.	広告業	1,012	(616)
5.	インターネット附随サービス業	1,008	(735)
6.	映像・音声・文字情報制作業（新聞、出版など）	735	(573)
7.	情報サービス業（ソフトウェア、情報処理など）	633	(514)
8.	機械等修理業	607	(432)
9.	協同組合（農協など）	520	(312)
10.	学校教育（幼稚園、大学など）	506	(462)
11.	医療業	483	(379)
12.	廃棄物処理業	483	(359)
13.	政治・経済・文化団体	481	(343)
14.	技術サービス業	478	(391)
15.	娯楽業	460	(260)
16.	保健衛生	441	(380)
17.	社会保険・社会福祉・介護事業	427	(257)
18.	郵便局（金融事業を除く）	412	(377)
19.	その他の生活関連サービス業（旅行代理店、冠婚葬祭など）	409	(261)
20.	自動車整備業	368	(241)
21.	その他の事業サービス業（警備、建物サービスなど）	291	(234)
22.	宿泊業	256	(190)
23.	職業紹介・労働者派遣業	253	(216)
24.	その他の教育、学習支援業（学習塾など）	216	(164)
25.	持ち帰り・配達飲食サービス業	189	(148)
26.	洗濯・理容・美容・浴場業	188	(125)
27.	飲食店	162	(108)

出所：総務省・経済産業省「経済センサス」(2012 年)

ス」（12年）にある。そこから平均年収を計算すると、飲食店（108万円）、洗濯・理容・美容・浴場業（125万円）、持ち帰り・配達飲食サービス業（148万円）など、個人サービス部門はとりわけ低い。名目生産性が200万円を切っていると、企業側がどんなに努力しても年収200万円以上の賃金を出すことは不可能になる。

注目すべきは、労働集約型サービス業だけが就業者数を伸び率6・5％と増やしていることだ。ほかのカテゴリーはすべて就業者の伸びがマイナスである。最も労働生産性が低い労働集約型サービス業にほかのカテゴリーから就業者が移動してくるので、結果として全体平均の生産性が下がってしまう。生産性を高めている製造業や建設業、卸小売業は就業者を増やしていない。雇用を縮小することで生産性を高めるセクターと、雇用を吸収することで生産性を低下させるセクターに分かれている。

日本経済は10年代以降、人手不足が深刻化する時代へと突入したが、その不足感は労働集約型サービス業でとくに強い。労働集約型サービスは、マンパワーを多用して成長しようとするから人手不足に陥りやすい。労働集約型サービスは、省力化投資や省力化したオペレーションを積極的に活用して、体質転換するしかない。

■医療・福祉・介護に目立つ低生産性

日本の労働市場がサービス業中心に雇用を増やしていることは以前からよく知られている。その背景にあるのは高齢化である。とくに、医療・福祉・介護は、雇用吸収力が大きい。ところが、そうした分野は必ずしも生産性が高くはない。理由は、労働集約的な性質がとりわけ強くて、機械化・システム化によって生産性が高まりにくいことがある。

その歪みが顕著にあらわれているのは医療である。

医療機関は診療報酬制度に基づいて対価を受け取る。個々の医療行為に対して点数が決まっていて、点数に応じて公的医療保険から保険金が医療機関に出来高払いで支払われる。このシステムでは、良い医療サービスに対してより高い料金を支払うという質的選別ができないので、固定価格での量的拡大の競争になってしまう。なるべく患者を頻繁に病院通いさせ、点数の高い治療をするほど、その病院は潤う。

日本社会では「医師は高所得」というイメージが根強いが、昨今の病院経営はきわめて厳しい。その理由は、診療報酬制度によって経営的なやりくりの余地が絞り込まれたことにある。社会保障費用の膨張で財政が圧迫されたため、医療・介護の予算にも強烈なコスト削減圧力がかかった。診療報酬の単価は切り詰められる。とくに薬価はジェネリック医薬品を使うことが推奨されているため、利益率を高く設定できるのは新発医薬品に限られている。これでは、製薬会社が研究開発費をまかなえなくなるのは明らかだ。

診療報酬の過度の引き下げは、病院が患者に対して過剰診療をおこなう素地となる。薬漬けの批判も、薬価の過剰な切り下げが背景にある。診療報酬を切り詰めたことでデフレと同じダメージが医療機関を襲い、過重労働に対してそれに見合った賃金を支払うことができなくなっている。介護サービスでも同じことが起きている。看護師、介護士の実質的な賃金が低くなりすぎて、人材不足が深刻化してさらにそれが恒常化する。

医療・福祉・介護は、財政再建の必要から構造的な低生産性となっている。消費税を上げて診療報酬・介護報酬を十分に引き上げることが、医療・介護の生産性上昇には不可欠だ。現行の診療報酬制度も混合医療の範囲をもっと広げるなどの制度見直しを大胆におこなうことが求められる。

■生産性の足を引っ張る高齢化問題

サービス業の低生産性問題には、医療・福祉・介護のほかに、もうひとつ構造的な問題がある。それは個人向けサービスのおもな顧客が高齢化していることである。

いまや個人消費全体の49・2％（２０１７年）が世帯主60歳以上のシニア消費によって占められている。総務省「家計調査」（総世帯）では、世帯数でみて60代の世帯主が21・9％、70歳以上が31・9％となっている。無業世帯の割合は、実に39％まで増えている。無業世帯とは、ほぼ年金生活者のことである。日本の高齢化は、消費者に占めるシニアの割合をどんどん高くしている。高齢者世帯のなかには、公的年金だけで暮らす年金生活者が多いため、おのずとその購買力は弱くなる。

平均すると、国民年金が月６万５０００円前後、厚生年金はそれに報酬比例部分の約10万円が加わる。年収ベースでは、元サラリーマンの場合、２００万円程度になる。彼らは60～74歳まで年金だけでは生活費に不足が出るため、貯蓄を大きく取り崩している。75歳以上になると消費水準を年金支給額レベルまで落とし、貯蓄率がプラスになる。まさしく縮小均衡である。世帯主年齢が65歳以上のシニア世帯は、月平均21万２０００円（17年）の消費支出をする。これは60歳未満の26万８０００円に対して２割ほど少ない金額である。

高齢化すると、生活費を節約して派手な消費をしなくなる。「シニア消費が大チャンス」などと大言壮語する人がいるが、それは特定の消費に限られる。孫のための消費、健康のための消費といった分野は、ときどき支出が膨らむことがあるので商機が眠っているとみられる。ただ、それは一部の分野にすぎず、総体としては節約モードなのである。

常識的に考えて、貯蓄を毎月取り崩している世帯が大盤振る舞いするわけがない。消費者の価格感応度は高齢化が進むほど強まる。アンケート調査でもわかるのは、高齢者世帯が将来心配していることは、自分の健康と物価上昇である。こうした回答が上位に来るのは、デフレが大問題とされた00年代でも現在でも変わらない。

高齢者の節約志向が強いため、高齢者向けの個人サービスは価格を引き下げないと成り立たない。そうなると、おのずと労働力を非正規化させてコストを下げていかざるを得なくなる。生産性の低いサービス産業に雇用が吸収されることは、賃金の低い非正規労働者を増加させる変化を生み出す。非正規が増え続けると、消費者としての彼らをさらに節約志向に追い込んで、個人向けサービスの低生産性が再生産されることになる。

物価上昇圧力が生じていくと、この生産性格差は今後もっと広がるだろう。すでに日本全体がデフレでなくなってきている。需要の腰が強くて値上げができるセクターでは、価格を上げて生産性を今後さらに高めていく。一方、高齢者を顧客にするセクターでは、需要の腰が弱く、コストプッシュ圧力に対して値段を引き上げられないので、事業者は利益を失って生産性は下がっていく。経済学の言葉を使うと、価格に対する需要の感応度が高いところでは値上げできずに生産性が低下し、感応度が低いところでは値上げによって生産性を上昇させられる。生産性を決める要因として需要の強さ、弱さがあることがわかる。

こうした理解に基づくと、高齢化はイノベーションにとって難敵である。年金生活者は予算制約が厳しく、ヒット商品に対して支出できる余力が乏しい。テクノロジーに対する理解度も若者とは違うので、なかなか需要に火がつきにくい。

本当は、医療サービスのうち最先端の新薬には強い需要が存在するはずである。人は高齢になるほど、健康維持や難病治療に関心を深める。それを成長の起爆剤に使えばよいと考えるのがビジネスの発想だ。

しかし、日本では診療報酬制度の下、実質的な管理価格が敷かれていて、どんなに潜在需要が大きくても、人為的介入によって事業者の利益につながりにくくなっている。政府が公的管理をおこなうと、かえって生産性上昇を過度に縛ることになるという典型である。

■少子高齢化だけが理由ではない

日本の生産性が低い理由として、人口減少、高齢化、非正規化を挙げることは一見説得力があるが、反面、それだけではすべての停滞を説明しきれないことも頭に入れておきたい。

確かに日本は高齢化が世界一進んでいる国である。世界銀行のデータによると、日本の65歳以上の人口割合は27・0％（2017年）であり、2位のイタリア（23・0％）、3位のポルトガル（21・5％）と比べても相当に高い。この両国は2008年のリーマンショック以降、財政問題が世界経済の火種となったことで知られる。両国とも15年時点の実質GDPは、08年に一旦ピークを付けた時点のGDPを下回っている。つまり、リーマンショックの爪跡が、イタリア、ポルトガルでは強く残っているのだ。

イタリアとポルトガル、そして日本に共通する点は、国民1人当たりの消費額が伸びにくいことである。これは、高齢化による社会保障費の増大によって家計所得の伸びが制約されているからだろう。

人口高齢化と経済停滞の関係から、高齢化→財政赤字→低成長という因果を導くことができるように思える。しかし、よく見てみると、日本は、これらの国々よりも高成長である。高齢化は日本のほうが進んでいる。この点は、高齢化の足枷が成長率そのものを決めている訳ではないことに気付かせてくれる。

だが、高齢化している国々のなかには、日本より成長している国もある。たとえばスウェーデンは日本よりも成長率の巡航速度が高い。スウェーデンと言えば、衣料品のH&M、自動車のボルボ、家具のイケアが有名である。いずれも国外に販路を求めて、グローバル展開している企業だ。また、首都のストックホルムは、スタートアップ企業が集積していることでも知られる。スウェーデンは、企業の活躍によって成長率を高めているのだ。

フランスとオーストリアも成長のペースは日本と同程度であり、高齢化が決定的な成長制約になっていないことがわかる。高齢化は確かに足枷かもしれないが、何らかの要因によって成長率を高めることは可能だと考えるほうが適切である。

日本の生産性の低さを考えるとき、その原因を特定の産業や高齢化といった構造要因だけに絞って結論づけるのは簡単である。人間には、問題解決をできるだけ単純に考えようとするバイアスがある。しかし、問題を目に見えやすいものだけに絞ると、より複雑な真実を見落としてしまうという失敗に陥ることがある。

■「ダントツ」がないのが日本の弱み

「なぜ日本の会社は生産性が低いのか？」という問いに対して、日本には多くの分野において突出した非価格競争力を発揮する企業がないからだと筆者は考える。

まずは産業別労働生産性の国際比較データを見てみよう。このデータは色々なことを教えてくれる。サービス業の生産性が低いという事実は、日本に限ったことではなく、先進国にほぼ共通している特徴だ。

国全体の生産性を100として計算すると、日本の個人サービスは56とかなり低い。この傾向は、米国でも51、イギリスは58と共通している。確かに、個人サービスの中で、日本のヘルスケア・社会支援（医療・介護・福祉）は55、宿泊・飲食サービスは39と極端に低い。これは、消費者が購買力の乏しい高齢者に偏っているせいだろう。

それ以外に、日本の産業では、7カ国中、農林水産業、建設業、運輸業が最下位である。製造業だけが、米国、ドイツに次いで3位である。

つまり、日本の産業の中で、先進国で1位、2位をとれる突出した高生産性のセクターがないことが弱点である。この状況は、高齢化でも、サービス業の低生産性でも、説明がつかない。個別部門でダントツの企業がないことが、やはり産業全体にパワーを感じさせない背景になっている。

多くの日本人は、製造業の潜在力を世界最高峰だと信じている。筆者もそれを否定したくはない。だが、製造業の労働コストでみると日本に比べて、米国は1・41倍、フランス

日米欧の産業別労働生産性の比較

OECDの購買力平価（PPP）で換算、2016年

	生産性（名目GDP÷就業者数、万ドル／年間）						
	日本	アメリカ	ドイツ	スペイン	フランス	イタリア	イギリス
農林水産	2.19	7.55	4.13	5.17	5.81	4.96	5.63
鉱業	6.69	41.62	5.42	9.04	9.47	13.25	27.70
電気ガス水道	22.69	51.62	10.45	11.58	16.39	27.66	44.76
建設	5.53	11.81	6.10	7.62	7.82	7.10	7.93
製造	10.25	17.50	10.49	9.50	8.21	8.20	10.22
運輸	6.25	11.27	7.94	8.04	8.15	10.73	8.15
金融保険	12.15	46.88	10.99	11.91	10.64	9.74	16.23
不動産	51.16		183.10	133.97	80.87	188.93	107.88
情報通信	13.54	32.61	13.57	11.79	17.37	13.56	15.18
卸小売	5.93	10.41	6.17	6.15	7.12	7.36	7.61
専門・企業向けサービス	6.23	11.18	8.91	6.75	12.69	8.14	9.93
個人サービス	4.12	6.10	6.14	6.53	7.25	6.06	5.63
公務	6.19	10.80	7.63	7.79	8.09	10.87	7.52
全体	7.40	11.93	8.80	8.34	9.30	9.18	9.65
(労働時間を調整)	(7.40)	(11.46)	(11.06)	(8.43)	(10.83)	(9.09)	(9.87)

注：内閣府、米商務省、ユーロスタット、OECDのデータを加工して筆者が作成した。

	個人サービスの内訳（万ドル／年間）						
	日本	アメリカ	ドイツ	スペイン	フランス	イタリア	イギリス
教育	9.39	5.80	5.92	6.97	6.63	5.75	5.46
ヘルスケア・社会支援	4.10	7.08	5.19	6.63	6.00	6.79	5.52
宿泊・飲食	2.88	4.17	3.66	6.46	7.02	5.68	5.32
芸術・娯楽	3.37	8.52	9.01	6.86	7.67	7.19	5.61
他のサービス		6.49	7.32	4.94	5.52	5.03	7.42
合計	4.12	6.10	6.14	6.53	7.25	6.06	5.63

は1・53倍、ドイツは1・68倍と高い（2016年）。労働コストが高くてもやっていけるのは、非価格競争力が十分に強いからだ。

日本の労働者は他の先進国よりもパートなど短時間労働者の割合が高く、しかも賃金水準はフルタイム労働者に対して短時間労働者の賃金が56・6％と低くなっている。G7の欧州4カ国平均は74・0％と高い。やはり、個別企業、そして産業全体が高付加価値を追求し、高い報酬が目指せるように変えていかなくてはいけない。消費者サイドからみれば、企業が安い賃金でしか雇用を生み出せないままでは、絶対水準として購買力が膨らんでいく国は実現できない。日本では、企業と雇用者の間で起こる生産性上昇と高賃金の好循環が未だ成立できずにいるのだ。

日本の企業の内部には突出した能力を秘めた人が山ほどいる。彼らの能力に企業が気付き、それを組織活動を通じて磨く場面をつくる。もっと活動の自由を与え、激しく競争させる。それをまだ十分に行っていないから、高齢化・サービス化の逆風を撥ね返すことができない。チャンスを活かすために制約を全廃することが、日本の生産性を高めるのだ。

2　ワンオペ化する日本企業の現場

■生産性が高かった頃は余裕があった

ＯＥＣＤ諸国の１人当たり国民所得のデータを見る限り、昔の日本は上位にあり、他のＧ７主要国に比べて高かった。これは事実である。

だが、昔の日本人は、現在と比べて本当に生産性が高かったのだろうか？　筆者の記憶では、必ずしもそうではない。自分自身を含めて、現在の方が生産性はずっと高い。

思い出してみると、バブル期から１９９０年代半ばまでは、上司は自分で作業をしなかった。上司が部下を呼びつけて、「自分にはこんな問題意識があるから、君はその趣旨をふまえて企画書を書いてくれ」と指示を出していた。多くの事務処理の場面では、部下に報告書や企画書を書かせて、上司はそこに決裁印を押すだけだった。

また、中間管理職も出勤後１時間くらいは自席で新聞を広げて読んでいた。上司の退社は18時頃が日常だった。非常にのどかな時代であった。しかし当時の日本企業は「ライジングサン」と呼ばれ、欧米企業よりも進歩的だとされていた。世界一の企業人たちが、仕事を部下に任せてのどかに働いていたという事実は、今から思うと矛盾していた。

その後、日本経済は金融不況を経て、２０００年代のデフレ経済へと移行する。

気が付くと、筆者はかつての上司と同じ年齢になっていた。00年代になると、課長でも部長でも企画書を自分で起案して、自分でファイルするようになった。中間管理職は誰もが現場担当者並みに働いている。１人１台のパソコンを前にして、すべての実務を取り仕切るのが、21世紀に入ってからの管理職の姿である。能力が向上した代わりに、予算や人を動かす権限は小さくなった。あるいは逆に、権限が小さくなったから実務能力が高まったという因果関係なのかもしれない。

現在、組織内では多くの人が昔と違って、１人仕事で業務を行っている。非役職者もそうだし、上級管理職でも変わらない。「皆が戦力」であり、誰もが個人プレーヤーとして生産性上昇を強く求められている。誰もが余裕なく、せかせかと動き回っている。

なぜそうなったのか。周囲の人々に尋ねると、「これが当たり前」という声が返ってくる。とくに若い世代はこれが当然の職場の模様だと思っている。

しかし、昔はこんなではなかったのだ。日本が豊かだった時代には余裕があったのに、日本が経済低迷期に移行した現在、誰もが余裕を失っている。『鏡の国のアリス』ではないが、私たちはいつの間にかあべこべの世界に放り込まれてしまったのだろうか。

■逆ピラミッド化で部下が減る

いったいなぜこうなってしまったのか？

筆者はその変化のきっかけが社内人口の高齢化にあると考える。若い人が多い企業は、人件費の負担を感じにくい。若い人の能力は伸びやすく、入社して数年間で給与を大きく超える成果を上げる。例えば、能力が１００に対して人件費が60と少ない若者が社内人口で多くを占めていると、若者が毎年多く採用されるほど企業の業績は向上する。このとき、経営者は若者の人件費など気にしない。

ところが若者が少なくなると、年功賃金の下では、人件費が重くなっていく。例えば、能力１５０に対して、人件費が２００と重い年長者が相対的に増えるからだ。年長者の能力がどこまでも伸びればよいが、そうはうまくいかない。

人口ボーナスという言葉がある。国の人口のうち若い人が多いほど、働く人が多く、経済は成長しやすい。ところが高齢化していくと、年長者を支える人の人口構成が小さくなって成長力が落ちてくる。

これと同じ理屈が企業にも当てはまる。

ボーナス（bonus）には特別配当という意味もあれば、「貢献」という意味もある。若者の貢献が大きな社会は、全員がその配当をもらえる。これが人口ボーナス期の特徴だ。

逆に、若い人が減って年長者が増えると、ボーナスがオーナス（onus）に変わる。オーナスとは、「重荷・負担」という意味である。若い人の成果が年長者の賃金に回され、賃金の支払い原資が乏しく感じられる。だから、年長者には能力を高めて、もっと自分自身で働いて稼いでもらわなくてはならない。ところが年長者の能力はそれほど伸びてはいかない。

企業単位で考えても、人口ボーナス期は若者中心のチームが活躍し、年長者は余裕のある働き方ができたが、人口オーナス期になると、年長者自身も高い成果を求められて、厳しく働くことを要求される。企業内では、日本全体の高齢化を約20年間先取りして大きな変化を遂げてきたのである。

企業内の人口構成をみると、1990年代までは人口構成が三角形であった。それが90年代後半にかけて、逆三角形に変わっていった。わかりやすいように、人口が1歳ごとに

２００万人以上いる団塊世代の年齢に注目してみよう。

団塊世代とは、47～49年生まれのベビーブーマーである。彼らは、90年時点で41～43歳だった。彼らが２０００年に51～53歳になると、社内人口構成は菱形、あるいは逆三角形に変わっていく。そうなると、企業としては人件費が重くなることを気にする。

年長者が多くなった組織は、年功賃金制度の中でどうしても人件費負担が重くなってしまう。例えば、厚生労働省「賃金構造基本統計調査」（16年）によれば、非役職者の40歳だと定例給与は年収３９０万円だ。それが50歳で部長になると、７９０万円へと増える。

「これでは、企業はもたない」と経営者たちは思ったことだろう。

90年代に起こった変化に、定年延長もある。かつて日本企業は長く55歳定年だったが、80年代後半から徐々に60歳定年が義務化されていく。98年には60歳未満の定年は禁止され、完全に日本企業は60歳定年へと移行した。これも経営者たちに人件費負担の増加を強く警戒させた。

現在、多くの大企業が役職定年制を導入している。これは00年代にかけて普及した制度だ。その背景には定年延長がある。人件費を抑制するのが役職定年である。長く勤めるサラリーマンは、役員に昇格できなければ、50代で役職定年となり、大きく所得を減らす。

さらに、社内人口構成が逆三角形になることは、強烈なポスト不足問題を併発する。団塊世代も年長者になるにつれて、ポスト不足の問題に苦しんだ。調べてみると、85年には日本企業の部長の部下の非役職者は平均で51人もいた。それが16年は25人と半減している。90年と16年を比較しても25％減である。

役職者の人数が増えて、若手スタッフが相対的に減っていく変化は00年から10年代にかけて進んでいった。課長も係長も、05年頃から中間管理職1人当たりの部下の人数は、目立って減っていったのである。

■人件費抑制のツールとしての「成果主義」

人件費が割高になったことで、企業は「1人当たりの成果」を重視するようになった。そこで流行したのが成果主義である。1993年に大手電機メーカーが採用して話題になり、95年には先駆的な制度として推奨されるようになった。金融不安の拡大で人件費削減の圧力が大きくなる中、97～2001年頃に成果主義のブームが起こる。年功賃金から年俸制へのシフトである。

管理職では、96年に10％程度だった年俸制の採用率は、02年には40％程度にまで高まった。この間、大企業だけでなく中堅企業でも年俸制の導入は進んでいった。

成果主義の特徴は、1人の年間給与を交渉で決めようということだ。評価の基準は、1年間の業績である。

しかし、仕事の中に個人の貢献として区分・定量化できないことは無数にある。そうした貢献をどう取り扱うのかは必ずしも明確ではなかった。また、ひとくちに成果と言っても、長期間かけて効果が表れる活動を評価するのは難しい。要するに、客観的評価は難しい。いきおい、そこに恣意や偏見が入る余地が生まれ、従業員には成果主義への不信感が募っていった。

成果主義の問題点は各所で明るみに出て、論壇では成果主義を礼讃する論者の意見は「炎上」し、成果主義とは欠陥の多い仕組みだとみなされた。成果の査定方法に限界があるという指摘が多くなされ、働く側のモチベーションは上がらずに成果にも貢献しにくいという評価が多数あらわれた。

ところが、これほど批判されたにもかかわらず、00年代から10年代にかけて成果主義は逆に導入が広がり、やがて定着していった。年俸制から年功賃金に戻す企業は多くなかった。自己申告の目標管理を導入し、自己評価を軸にして査定への納得度を高めたり、他人への貢献を加味するなどして、成果主義がより強化されていった。

■生産性アップを個人のパフォーマンスのみに求める愚

なぜ成果主義は批判されながらも残ったのか。それは企業の人件費抑制という大目標があったからだろう。社内の人口構成は年長者が多くなり、もはや年功賃金では人件費を抑制できない。だから人件費が増えない仕組みとして、年俸制が必要だったのだ。

人件費の負担は、団塊世代が２００７～09年に60歳になり一服したが、不幸なことに08年にリーマンショックが起こったため、その後もしばらくは成果主義を使って人件費を減らす仕組みは必要とされた。それから景気が回復したが、成果主義は生き残ったため、相変わらず賃金は伸びにくく、企業収益が増えやすくなった。成果主義の普及はそうした体質をつくっていったのである。

筆者は、成果主義の定着によって、企業が個人を単位にして業績を考えることを当然視する悪弊も広がったとみている。

言うまでもなく、企業というものの存在意義は、仕事を集団で協力しながら行うことによって、個人でやるよりも効率よく多くの利益を得ようとするところにある。個人の仕事を１００人分集めたところで、１００人の企業のパフォーマンスにはならない。共同作業と分業で、協力しながら効率性と成果を高めるところが企業の意義なのだ。「ワンオペが当たり前だ」などと企業内で堂々と語っている人は、いつの間にかそうした大前提を忘れているのだ。どうしようもない感覚の麻痺におかされている。

注意したいのは、こうした成果主義を是とする考え方が下地にあって、現在の「生産性上昇に取り組もう」というかけ声がある点だ。

生産性上昇が必ず個人の給与に還元されるかどうかは保証がない。ワンオペ仕事になっていく私たちの働き方が本当に効果的なのかどうかといった吟味も行われずに、「生産性上昇だ」というのはおかしな話だ。私たちは少し立ち止まって、自分がおかれた環境を振り返る必要がある。

■パソコン仕事が生んだ「中間管理職の兵隊化」

成果を上げるプレッシャーが高まったとき、ひとつの革新的テクノロジーが降臨した。パソコンとインターネットである。１９９５年に登場したウィンドウズ95は、電子メール、ワード、エクセルを搭載していた。その頃からパソコンが１人１台へと普及する。資料づくりがアシスタントの手を借りなくてもひとりでできる。これは強力なツールになり、ホワイトカラーの生産性は、パソコンの標準装備によって高まると信じられた。

これもまたワンオペ仕事が定着する理由のひとつとなった。

筆者は、94年頃に特別なソフトを使ってグラフや図表を作ることを上司から指示されていた。だから、ウィンドウズ95には驚いた。それまで「自分はコンピュータは苦手でね」と弱音を吐く上司が大多数だったが、95年以降、そうした人は次第に消滅していく。

パソコンの普及によって、一般職の正社員の採用が減った。総合職がひとりで仕事を完結できるので、事務のサポートは少なくていい。一般職の正社員の仕事を派遣や契約社員が代行するという変化も起こった。

もうひとつ巨大な変化は、パソコン仕事がチーム編成を変えたことである。それまでは、作業工程を複数の人員で分担していた。そして、部長⇕課長⇕係長⇕担当者という縦のラインを通して案件の説明が上に進んでいた。担当者がつくった企画書を係長がみて、次に課長が修正して、やっと部長に届いていた。今になってみると、何と手順が多くて非効率だったかと思うが、昔は普通だった。このラインは、社会人の構成が逆三角形に変わる中で合理性を失っていく。それに代わって、部長が担当者に直にプロジェクトを任せ、複数の案件を同時にマネジメントするようになる。

1人の部長が、5つの案件を5人の担当に任せて、役員には2人で説明に行く。これはネットワークの中で、部長がハブになって、そこから各担当者がスポーク状に連なっている図式だ。ハブ・アンド・スポークの形状に仕事が変わる。ハブ・アンド・スポークの人的ネットワークは、組織が一度に多数の情報を管理するのに極めて有効である。昔の人口構成のピラミッドの中でいくつかの縦のラインを伝わって情報が行き来するのは、多数の情報を管理するうえで効率性が劣る。

ただ、ハブ・アンド・スポーク型で組織内の情報を素早く処理できるようになった反面、部長と担当者の仕事が多忙になった。課長や係長は、情報仲介だけしていればよいという立場を失い、プレイングマネージャーに変わっていく。正確には、「中間管理職の兵隊化」という方がよいだろう。ホワイトカラーの仕事は1人仕事が当たり前になり、担当者だけでなく、係長、課長の仕事をも1人仕事の担当者と同じようなものに変えていった。

毎年の有効求人倍率を発表する「職業安定業務統計」（厚生労働省）は、この十数年間に起こったホワイトカラー革命の光と影をよく映し出している。人手不足と言われるのに、一般事務職の求人倍率は1を割ってずっと人員余剰である。専門職・技能職は求人倍率が

3倍と恒常的な人手不足になっている（2017年データ）。職場で必要とされるのは「技術を持った兵隊」になっていき、効率化が進むと同時に、昔はあった余裕が少しずつなくなっていく。そして、1人ひとりが成果を求められる時代になったのだ。

■優秀な部下を奪い合う

パソコン仕事が主流になると、担当者の事務能力の差は以前に比べてより鮮明になった。上司としては、大切な案件はよくできる人に任せたいから、成果主義は優秀な人を高く処遇するには確かに都合がよかった。その代わり、超多忙な人と遊んでいる人の差が激しくなった。一方で、誰もがパソコンに向かっているため、職場の風景をみて、上司は誰が暇なのかはわかりにくい。ネットサーフィンに興じている人と真面目に仕事をこなしている人の区別ができないからだ。パソコン仕事に独特のモラルハザードである。

できる人はパソコンを使ってますます成果を上げて、できない人はますます時間をムダに使う。おそらく、人間が運動能力で差がついたとしても、よくできる人はできない人の20％増しくらいである。3人と2人が綱引きをすると、絶対に3人が勝つ。運動能力の差が1・5倍以上にならないからだ。

しかし、パソコンで仕事をすると、人の成果は数倍から10倍もの差がつく。そうなると、職場では、上司が少数の優秀な部下を奪い合うようになる。この状況は、優秀な部下からすると、自分に仕事が集中して困るという結果をもたらす。

１９９０年代後半から２０００年代に企業の人件費カットの圧力が強かった時期、優秀で超多忙な人でも賃金一律カットの憂き目に遭い、次々にやる気を失うケースもあった。成果主義を採用しても、給与は増えるどころか減らされて、優秀な部下は次々に意欲をなくすことになった。日本の組織でよく発生する悪平等の弊害である。

筆者の友人の中間管理職（金融機関）は、「意欲を失わずにやっている部下を何人もの管理職で奪い合っていて、内心苦しい」と吐露していた。職場から余裕が失われ、若手たちの中で前向きに働く意欲までもが徐々に失われていく様子は、「壊れていく職場」と言われた。現在も同じような話はあちこちにあるだろう。

■教育習慣が失われる

職場から余裕が失われていく中で、失われてはいけないものまでが失われていった。教育習慣である。

職場には、代々伝承されている仕事の秘訣のようなものがある。過去の先輩たちが失敗や反省を通じて得た、「これはこのような手順でやる方がよい」、「この案件はこうした失敗をしがちなので、ここに気をつけろ」といったようなノウハウだ。昔、協働作業をしているときは、先輩たちから口うるさく、そうした要領を教えられたものだ。今も現業系の職場ではそうした要領が細々と受け継がれているのを見かける。

ところが1人1台のパソコン仕事は、そうした要領を代々伝えていく習慣を完全にすたれさせた。パソコンのせいだけではなく、皆が余裕を失ったことや、部下が少なくなったことも、それに拍車をかけたといえる。

また、こうした教育習慣は、先輩が後輩に「やってみせて、言って聞かせて、させて覚えさせる」ことで存続していた。先輩の立場からすれば、このような教育は利他的行動である。成果主義の中では、利己的動機が強まるため、教育はすたれていく傾向が強まった。

こうしてサラリーマンの活動の中で、教育こそが最も費用対効果が悪いことになってしまった。目標管理制度の中で、自分が後輩のための指導を入れたとしても、そこが満点になることは少ない。すぐに芽が出ない若手もいるし、できる人はできても、できない人はできないという面もある。若手もウエットな人間関係を嫌う人が多くなって、能動的に指導を受けないこともある。

成果主義は、他人のために世話を焼くとか、数年もかけて人材教育に力を尽すといったカルチャーを職場から奪っていったのである。職場によっては、教育習慣が失われていくことに危機感を抱いた経営者が、メンター制度を充実させて、若手の教育に対する満足度を高めようとしている。それもよいだろうが、昔は部長や課長などの上級管理職が新人のために多くの時間を惜しみなく使っていたのである。

筆者は1990年、バブル絶頂期に社会人になった。新入社員は毎日夕方5分間、総務課長の席の前で、直立不動のまま報告する義務があった。当時の課長は偉かった。予算も持っていた。その時間が怖くて、夕方になると胃がキリキリと痛くなったのを今でも覚えている。

あるとき、報告がまずく、「今日、俺は報告書に判子を押したくない」といわれて、わざと逆さまの印鑑を押されたこともある。血が凍るような体験である。今にして思えば、その課長には、新人を相手にする時間的余裕もあったし、毎日報告を受けるなかで鍛えてやろうという度量があったのだろう。そんな大人物はいつのまにか職場から姿を消した。

こうした体験は「三つ子の魂百まで」で、いつまでも脳裏に刻まれている。そのような体験が今の自分の能力を与えてくれたのだと思う。

現在、筆者自身には昔のような若手教育の機会はない。冒頭にも書いたが、ワンオペ仕事が広がっていく中で、自分がいなくなると、今まで自分が習得した技能はそこで途絶えてしまうという危機感は強い。「もしも、今、俺が交通事故で死んだら、会社が失うスキルも大きいだろうな」と思う気持ちは強い。

ワンオペ仕事の中で、若い頃に先輩に鍛えられてこなかった人が先輩になったとき、後輩にどういう指導ができるのだろうか。「自分は独学で技能を身につけたから、お前たちもそうしろ」と言うのだろうか。それではあまりに非効率だ。

■教育機会の減少が生産性を低下させた

日本企業から重要な教育習慣が失われていることは、生産性低下の原因になっている。

そうした筆者の問題意識にぴたっとはまる分析が、2018年夏に発表された『経済財政白書』(内閣府)に載っていた。白書では、1990年代以降、日本企業が外部機関に従業員を教育してもらう直接投資が減少に向かい、各国比較をしても、日本の教育投資額が低水準になったと指摘している。

人材投資のことを人的資本投資と呼ぶとすると、その人的資本投資には3種類ある。

（1）外部機関に依頼する直接投資

（2）ＯＦＦ－ＪＴ（企業内で現場を離れて行う集合研修や勉強会などの教育・訓練）

（3）ＯＪＴ（職場内で仕事に係わる知識や要領を指導される訓練）

このうち（2）と（3）は費用が直接わからないので、従業員がＯＦＦ－ＪＴとＯＪＴに費やした時間を機会費用とみる。ＯＦＦ－ＪＴとＯＪＴの時間に時給を掛けて、間接費用とする。すると（1）、（2）、（3）の合計は、16年度で約28万円となる。総労働時間の12％がＯＦＦ－ＪＴとＯＪＴである。

日本の特徴は、ＯＪＴが海外よりも多いことだ。人材投資の3分の2を占めている。ただ、90年代から職場から余裕がなくなっていくと、ＯＪＴは少なくなり、人材投資全体も減ってしまう。

また、ＯＪＴは、年長者から若手に行われるものが主である。企業内の人口構成が逆ピラミッドになると、ＯＪＴの機会が少ない年長者が増える。ＯＪＴは社内にある知識が主であり、そうした知識は陳腐化リスクもある。年長者が多くなった日本企業は、ＯＪＴが中心であるがゆえに人的資本が少なくなる。また、多くなった年長者が自分だけで自己啓発をしても、なかなか人材投資の総額は増えない。

白書では、人的資本投資が1％増えると労働生産性が0・622％上がるという計量モデルの結果を紹介している。このデータを筆者なりに加工して、今、1人当たり人件費を100として、その12％に相当する人的資本投資がさらに10％増えた際の効果を計算してみた。

人的資本投資は100×12％×10％＝1・2である。1人当たりの生産性の指数を計算すると、184・6になった。だから、184・6×0・622％×10＝11・5となる。1・2の人材投資で、生産物が11・5も増えるのだから、人材投資の投資効率はかなり良いといえそうだ。

日本、欧州、米国では、生産物（粗付加価値）に占める人的資本投資の割合が異なっている。ざっくり言うと日本が3、欧州が8、米国が6であった。計算すると、米国は日本よりも1・8倍ほど人的資本投資が多い。もし日本が米国並みに人的資本投資を1・8倍に増やすと、生産性を1・5倍にできる。つまり、日米の生産性格差はほとんど人的資本投資の格差で説明できてしまう。日本企業は人的資本投資を増やせば、米国の高い生産性に追いつけることになる。

白書の示している1％の人的資本投資によって0・622％の生産性アップが期待できるというデータがどこまで信頼できるかは、より厳密な加工計算を必要とするが、結論として導かれる「人材投資が少なくなったから、日本の生産性が伸びにくくなった」という仮説は間違っていないと考えられる。

もっぱらOJTを偏重してきた日本企業は、1人ひとりの余裕が失われていく中、十分なOJTを実施しにくくなっていった。余裕を失った年長者が増えると同時に、若手は彼らからOJTを受ける機会が少なくなり、従業員全体が教育・訓練から疎遠になってしまったのだ。

■衝撃的なデータ「日本企業のモラールは低い」

日本の勤労者のやる気が、じつは他の国々と比較して低いというデータがある。士気のことは英語でモラール、やる気のことはモチベーションという。また、組織全体のやる気がモラールで、個人のやる気のことをモチベーションという。だから正しくは「日本企業のモラールは低い」というデータである。

2017年に行われたギャラップ社の調査では、日本では「熱意あふれる社員」は僅か

6％であり、139カ国中132位という低い順位である。この結果は衝撃的だ。

G7諸国では、「熱意あふれる社員」は米国が突出していて、以下、イギリス、ドイツ、フランスと続く。日本は中国と同程度となっている。残りは「やる気のない社員」が72％、「周囲に不満をまき散らしている無気力な社員」が24％だという。不満をまき散らす社員はどの国でも1〜2割はいる。日本はやる気のない社員が相対的に多い。今、筆者の周辺にはこれほどやる気のない人はいないし、過去にも意欲の低い人と仕事をしてきた経験はない。それは超ラッキーでしかないのだろうか。

また、ウイリス・タワーズワトソン社の調査では、従業員エンゲージメント（愛社・思い入れの度合い）のレベルが、やはり日本企業では極めて低いという結果になっている。

日本人の組織への忠誠心が低くなっているという見方は、経営学者や労働経済学者からもたびたび指摘されている。日本企業の非正規化が進んで、雇用形態によってモラールが違ってきているという説明はわかるが、注目すべきは、忠誠心の低下が正社員の間で起こっているという指摘があることだ。「日本人は勤勉だ」と信じてきたことは必ずしも普遍的な事実ではなかったということだろうか。

日本企業が人件費の圧縮を図ってきたことは周知の事実だ。若い人にとって、社内人口構成が逆三角形になることは、未来の自分たちの昇進昇格がより難しいことを予感させる。生産性の分配が、自分が働いたほどには自分に返ってこないと多くのメンバーが思っているとき、チームのモラールは自然と低下していく。

今、日本企業で起きているモラールの低下は、微妙な悪影響を及ぼすだろう。職場で利他的な行為をしない人が多くなるとか、人事権のある上司にばかり寄り添う人が増えるといったことだ。会議中、求心力のある上司が席を立つと、残りのメンバーがだらだらと雑談をすることもモラールの低下である。

１人仕事が増えると、他のメンバーとのコミュニケーションが少なくなるのと同時に、苦労を分かち合っているという共感もなくなっていく。誰でも若い頃に苦労をともにした仲間のことは忘れない。一緒に働くことで、一生の仲間もできる。そうした関係は、ワンオペ仕事になると築くことができなくなっていく。人事権を持っていようがいまいが、自分と一緒に勉強して能力を高めようと励ましてくれる上司は心の友達である。そうした関係は、気がつくといつの間にか失われてしまっている。

■分権的メカニズムの不全

昔と比べて、1人の社員の平均的能力は上がった。筆者自身、5年前、10年前に比べて現在の方が遥かに多くの仕事量をこなしている。これは自分の経験の蓄積もあろうが、自分に与えられる職務の要求が厳しくなっていることが主因だ。現代のサラリーマンは、要求される仕事の水準が昔よりも高くなっている。IT機器を使いこなすのが当たり前。他人からのサポートを受けずにひとりで切り盛りしなければならない。

そこで要求されるのは、同時に複数の案件を処理しながら、一定期間内に業績を上げていく能力、マルチタスク機能である。マルチタスク機能を働かせるには、案件をこま切れに処理するとしても、それぞれの案件で集中力を極度に高めることができる能力を要求される。事務処理能力とは集中力なのだ。

働く人の組織編成も、ヒエラルキー型・ピラミッド型から、ハブ・アンド・スポーク型へと変わってきた。組織内のチーム構成が、ハブ・アンド・スポーク型に変わってきたことは、1人ひとりの担当者とチームリーダーにより高い能力発揮を要求し、現実に1人ひとりの平均的能力を高めている。

この仕組みがうまくいくポイントは、日常業務の中で出会う様々な出来事に対して、メンバーが現場で自動的に対応するところである。現場で起こった事件は、現場の担当者が素早く対処する。これは、現場の担当者の能力が高く、分権的に処理しているからだ。組織全体でも、何かの課題が降ってきたとき、担当者と部長の2人で相談して対処する。自分たちの領域でないときは社内の別の適任者を探して素早く解決しようとする。現在の企業の長所は、能力の高いメンバーが融通無碍に走り回って、課題解決に動けるところだ。

個々の事務処理能力が高まっているにもかかわらず、日本企業が高い生産性を失ってしまった理由は、マクロ経済だけでなく、ミクロの企業活動のあり方にも問題がある。それは、企業内の人員構成が高齢化していく変化をうまく乗り越えられる仕組みを新しく生み出せなかったことにある。

とくに、役職者の〝インフレ〟が起こり、権限のない年長者の役割をバラバラにした。彼らを次々にワンオペ仕事に変えていったことが象徴的だ。教育習慣はすたれ、忠誠心も低下した。本当は、企業を取り巻く経済環境が厳しくなる中では、個々の能力を高めて、より自由に成果を追求できるようにバックアップすべきであるのに、その逆方向へと突っ走った。

その代わり、企業は、事件やアクシデントが起こる都度、様々な縛りを個人に与えている。個人を統制するミーティングばかりが増えていく。正しくルールを守ることは当然だが、それが自由を奪うことにならないのか、もっと目配りをした方がよい。能力の高いメンバーが自由に成果を追求できる仕組みづくりを経営者はもっと深いところまで考えたい。

■生産性上昇とは逆コースを行く日本企業

本章では、バブル崩壊後、日本企業の生産性が世界の他の先進国に比べて低くなっており、それにともなって国全体が貧しくなりつつあるという事実を概観した。とくに日本の生産性の低さで特徴的なのは、以下の2点であることがわかった。

①サービス産業、とりわけ医療・福祉・介護の分野で低生産性が目立つ
②日本にはニッチ分野において突出した非価格競争力をもつ企業が少ない

生産性の低さを考える上で、まずは高齢化というファクターが大きかった。高齢化が進行した結果、組織内の人口構造の逆ピラミッド化が進行した。年功序列型の賃金制度を維持したまま逆ピラミッド化が進行すると、人件費が割高になってくる。

そこで日本企業は構造変化への対応策について舵を大きく切り間違えた。その代表例が、「成果主義」の導入だった。人件費抑制のためには、「１人当たりの成果」を査定し、年俸制へとシフトさせたほうが企業にとっては都合がよい。

しかし、成果主義には大きな欠陥があった。仕事のなかには「個人の貢献」として区分・定量化できないことが無数にある。評価において恣意や偏見が横行する余地が生まれ、働く側のモチベーションを損なう面も多かったのである。

成果主義の定着とともに、企業が「個人単位での業績」を追求するという悪弊も広がり、「ワンオペ」が普通の仕事のスタイルとなった。パソコンの普及と共にその傾向には拍車がかかり、職場から余裕が失われた。そして余裕とともに社員教育の機会も失われてきた。

繰り返すが、そもそも企業の存在意義とは、チームワークによって生産性を高め、１人で仕事をするよりも効率的に利益を追求しようというところにある。それが最近の日本企業は、１人当たりの業績を突き詰め、仕事の内容がどんどんワンオペ化するという、本来の生産性追求とは逆の流れにあるのだ。

＊

さて、ここまで生産性という言葉を定義なしに用いてきたが、本来はいったい何を指すのだろうか？　また、経営全般の中で、どの要素に着目すれば効率的に生産性を上げることができるのだろう？

第2章では、生産性の意味を経済学、経営学の本質的部分から深く考えてみたい。

第2章　生産性とは何だろう?

1　かゆいところに手が届かない経済理論

■ソローが提示した生産性の経済理論

「生産性のことは、経済学を勉強すればきっとわかるだろう」——筆者は以前、漠然とそう考えていた。多くの読者にもきっとそういう思いはあるだろう。

しかし、最近やっとわかってきたことは、経済学には「すとん」と腑に落ちる答えがないということだった。

もうひとつ気付いたことは、人々が生産性を考えるうえで見落としやすい点が、経済学が提示する生産性の考え方の中に隠れていることだ。

本章では、よくある経済学の説明をざっとみていき、「では、どこがおかしくて、何をもっと重視する必要があるのか」を伝えていきたい。いくつか数式が登場する部分もあるが、自分の頭で考えることさえ厭わなければ、経済学の前提知識がなくても読めるように工夫したつもりである。

マクロ経済学には、生産性を扱う研究者は数多くいる。マクロ経済とは、おもに1国全体の集計値を観察して経済活動を分析する学問分野である。とくに経済成長論という分野の研究者は生産性について論じることが多い。その理由は、高い成長率を目指そうとすると、「1人当たりの生産性を高める」ことが必要になるからだ。

経済成長は、就業者数の伸び率と1人当たり生産性の伸び率によって構成される。就業者数の伸び率がコントロールできない人口要因で決まってくるとするのならば、経済政策として、成長率を高めるために生産性上昇を目指すことになる。これが経済成長論の分野で生産性がひとつのテーマになる理由である。

この成長理論で標準モデルとなっているのは、1956年に米経済学者ロバート・ソローが発表した考え方である。

ソローは、経済成長、すなわち実質GDPをアウトプットとして、まずこのアウトプットが資本や労働といった生産要素の投入量（インプット）によって決まるとした。そして、生産要素1単位が生み出す成果のことを生産性とした。

つまり、アウトプット／インプット＝生産性、となる。

アウトプットを増やす方法は、コンビニチェーンが店舗数（資本投入量）を増やすと、そこで雇用者（労働投入量）も増えて、売上高・収益額も大きくなることを考えるとイメージしやすい。店舗や中にあるレジスターなどは資本ストックの投入量になり、雇用者は正社員もアルバイトも労働投入量となる。

では、アウトプットはインプットだけで増えるのかといえば、必ずしもそうではない。インプットの中身を変えれば、コンビニチェーンの業績は変わってくる。私たちはいくつかのコンビニが店舗も雇用者もほとんど似通っているのに、それぞれの業績が大きく違っていることを知っている。

なぜ、同じような店舗で同じように人が働いているのに、それぞれのコンビニの業績が違うのかといえば、そこで使っている技術が異なるからだ。ここでの技術とは、接客サービス、レジのスピード、陳列する商品の品揃え、自社ブランド品の人気度などが挙げられる。インプットを量だとすれば、技術は質的要因に該当するだろう。

ソローはこの図式をごく単純に、「技術とは資本と労働の組み合わせ」だとした。この「技術」とは1国の生産体制や産業組織のあり方によって決まってくる「ひとつの状態」だとしたのである。この状態が生産性を高めるように変化していくことを「技術進歩（率）」と呼んだ。

経済成長率と生産性上昇率の関係

実質 GDP＝就業者数 × 就業者１人当たりの生産性

これを変化率に対応させると、

経済成長率 ＝ **就業者数の伸び率** ＋ **生産性上昇率** ＋（就業者数の伸び率 × 生産性上昇率）

（就業者数の伸び率 × 生産性上昇率）…… ごく小さい値になるので省略

⇨ **経済成長率** ≒ **就業者数の伸び率** ＋ **生産性上昇率**

このことを図で示すと……

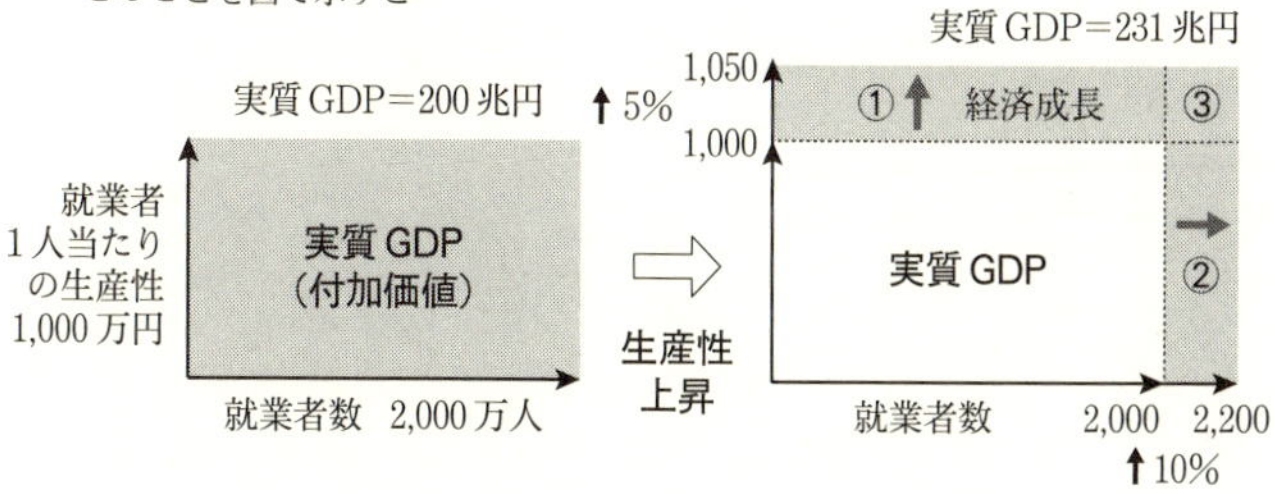

〈成長率の計算〉……①＋②＋③の変化率を計算

$$\frac{①+②+③}{200\text{兆円}} = \frac{\overset{①}{(1{,}000\times5\%)\times2{,}000}+\overset{②}{(2{,}000\times10\%)\times1{,}000}+\overset{③}{(1{,}000\times5\%)\times(2{,}000\times10\%)}}{1{,}000\times2{,}000}$$

$$=\overset{①}{5\%}+\overset{②}{10\%}+\overset{③}{[\,5\%\times10\%\,]}$$

［5%×10%］…… 省略できるほど小さくなることが多い。

≒15%

ソローはこの研究によって87年にノーベル経済学賞を受賞した。受賞当時、大学生だった筆者は、ソローのアイデアを知り、ノーベル賞級の研究とはこれほど凄いものなのかと感心したことを覚えている。

■質的向上で生産性上昇は維持できる

ソローの発想が斬新だったのは、「技術進歩とは、労働と資本というすべての生産要素が貢献した変化である。その意味において、Total Factor Productivity（TFP）である」と、まとめてしまったところにある。TFPとは、すべての生産要素が一緒になって貢献するという意味で、「全要素生産性」と呼ばれる。日本語としてはこなれていないが、あらゆる生産要素の組み合わせ、つまりTotal Factor（トータル・ファクター）による生産性、だと考えるとイメージしやすい。技術進歩とはTFPの変化なのである。

技術進歩という言葉は、イノベーション＝技術革新のことを私たちに思い起こさせる。もっとも、ここでの技術進歩は、革新的なものに限らない。ちょこちょこと見直される業務プロセスの改良もまた技術進歩であり、企業がおこなう大小さまざまな創意工夫をすべてまとめている。ソローはその広義の技術進歩が、成長をもたらすと言ったのである。

全要素生産性とは何か？

アウトプットの変化率 ＝ インプットの変化率 ＋ 全要素生産性の変化率

技術進歩とみなす
（技術が生み出す成果の変化率）

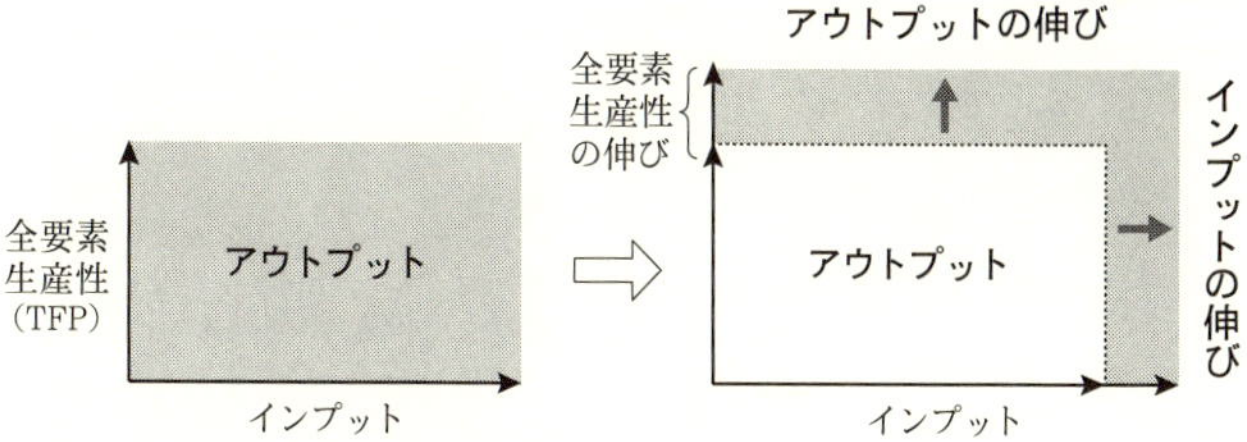

技術進歩そのものを計測できないので、アウトプット（GDP）と
インプット（労働と資本の投入量）の伸び率から間接的に計算した。

アウトプットの変化率－インプットの変化率＝技術進歩（全要素生産性の変化率）

ソローの発想法の結晶は、成長の源泉たる技術の要素を数字として探り出した点である。技術進歩はアウトプットの変化率からインプットの変化率を差し引くと、その姿を現す。質の変化を、成長率から量的変化分を差し引いた残差（質的な変化、すなわち技術要因）として表現する。このアイデアこそ、ソローの発明したマジックの核心である。

ところが、実際に経済成長の源泉として、何の要因が寄与しているのかをマクロの経済データから計算してみると、意外なことがわかってきた。残差の部分が大きくなったのである。とくに成熟した先進国経済では生産設備の量的拡大があまり起こらなくなり、ほとんどが残差によって成長率が決まってくる格好になっていたのである。

これが示しているのは、たとえば産業空洞化によって国内製造業の生産能力が落ちたとしても、先進国では新しいビジネスが次々に起こって成長を牽引していくということだ。つまり、量的拡大が飽和したとしても、質的向上で成長は維持できる。人口減少で消費者の人数が徐々に減少しても、質的向上によって1人当たり生産性を上昇させることができたならば、消費者の1人当たり所得水準が上がり、消費金額も増やせることになる。

■TFPというブラックボックス

しばしば「人口減少で日本は衰退の一途を辿る」という人がいるが、経済学者の多くはその見方に賛同していない。経済学者の反論の根拠は、成熟した先進国経済は労働投入量が頭打ちになっても、ＴＦＰの要因で成長を続けることができている、というものだ。「ドイツは日本と同じく人口減少傾向に苦しんでいるのに、日本より成長率が高いではないか、それはＴＦＰの要因で嵩上げされているからだ」――と言うのだ。

しかし、筆者は「生産性の上昇のためにはＴＦＰの変化が重要」と聞いても、イマイチ何を言っているのかよくわからない。ＴＦＰとは、残差に過ぎない。インプット以外に成長する様々な要因をすべてまとめて「全要素の生産性だ」と定義したものである。よくわからなくて当然だろう。

少ないインプットでより多くのアウトプットを得るということは、より短い勉強時間で、より高いテストの点数をとることと同じである。その秘訣がわかれば苦労はない。つまり、その秘訣であるＴＦＰの中身がブラックボックスであるところが、最大の弱点だ。

ＴＦＰがビジネスマンや企業経営者の心に響きにくい原因は、ここにある。「生産性の上昇のためにはＴＦＰの変化が重要」という言葉は、どうすれば効率よくアウトプットを増やせるかという問題に頭を悩ませている人たちには、いまひとつピンとこない説明なのである。

問題の本質は、どうすればTFPを変化させられるのかという方法を探り出すことだ。そのためのヒントを教えてほしいというのが、ビジネスマンや企業経営者が本当に望んでいることなのだ。

人口減少社会を生きる私たちは生産性を上昇させなくてはいけないのに、その方法が闇の中に埋もれていては、やはり未来は暗いと感じてしまう。筆者は、経済学者たちがブラックボックスにしている生産性を具体的に解明したいと願っている。

■要素還元主義の限界

現代の経済成長論は、ソローのモデルを基盤にしながら、さまざまに進化を遂げている。

2018年にノーベル経済学賞を受賞したポール・ローマーの内生的成長モデルもやはりソロー・モデルの進化形となっている。ソロー・モデルは前述したように、アウトプットの変化率からインプットの変化率を引いたものが技術進歩だとみなしている。先進国ではインプットの変化率は小さく、残差として計算される技術進歩の数字が大きくなる。

多くの研究者は、残差が大きくなる理由は、何かインプットに入れ忘れたものがあるからではないかと疑った。

確かに、生産物が労働と資本の2つの生産要素だけから成り立っているという仮定は単純すぎる。労働には技能労働がある。だから熟練労働と非熟練労働に分けて、熟練労働が持っている労働の質を数量化するアイデアも成り立つ。資本の投入量についても、IT投資を別建てで区分して、IT機器・情報通信投資やソフトウェアの普及が成長にどれだけ寄与したのかを計測することもある。また、企業の研究開発費を加味して資本ストックを数量化するというアイデアもある。これ以外に、貸借対照表には必ずしも計上されない無形資産もある。

研究者たちはソロー・モデルをベースにしてインプットの細かな中身をどんどん増やし、成長要因の要素を次々に分解し、残差として現れるTFPを小さくする方向で分析を進めた。筆者は、インプット＝量と記述したが、正確にいえば、量の中にも質的に異なる要素が入り込んでいる。労働や資本の内訳にスキル（熟練度）や研究開発ストックを考慮することは、成長の要素を特定するためには役立つ。

ただ、そうした方向性での研究の展開についても、やはり不満がある。成長の要素、生産性の要素が分解できたとしても、成長率を上げる方法を具体的に知ることはできないからだ。生産性の正体は、要素を分解しただけでは解き明かしたことにはならない。

この感覚は、人間がタンパク質でできていることを知っただけでは病気の治し方がわからないのと似ている。要素の特定だけではまだわからないことが多いのだ。

こうした限界は、経済学が1国全体の集計値を対象にして分析を行っていることに原因があるのかもしれない。個別の企業・産業の分析は財務分析の対象であり、マクロ経済学の対象とされにくい。また、科学的手法として、国の成長を要素単位にバラバラに分解することで把握しようとする要素還元主義にも問題がある。経済は生き物であるとよく言われる。生き物は絶え間なく新陳代謝を繰り返すから、それを一瞬のうちに冷凍して分析してもその正体は摑めない。生産性を理解するのに、要素還元主義的な成長理論の進歩だけでは、かゆいところに手が届かないのだ。

■経営学からの視点

経済理論が教えてくれることをごく平たく言えば、生産性上昇のためには、
①単純労働の成果を道具・機械の助けを借りて増やすことができる
②技術・スキル・アイデアによって増やす方法もある

……ということになる。どんな機械を、どのような技術で使うかが肝心なのだ。また、経済学のパラダイムからみると、人間の役割がAIなど機械（資本）にとって替わられることへの違和感が少ない。労働と資本は柔軟に交換できる生産要素だとみるからだ。人間の役割は、労働力として単純化されてしまう。

しかし、マネジメントを発明したピーター・ドラッカー（1909～2005）の視点ではそうはならない。成功事例を研究して、それをモデル化する。なぜなら企業の成果を決定するものが、機械や技術・スキル以外に、組織や人のつながりにあると考えるからだ。

企業活動を音楽に例えると、資本や労働力はドレミの音符である。この音符をいくら集めても人が好む音楽にはならない。音符を並べ、メロディのついた曲にしてこそ価値が生まれる。要素還元主義でどの音符がいくつあったか分解しても、人に愛される音楽は作れない。音楽におけるメロディの大切さは、企業活動での人のつながりである。ドラッカーはそちらを重視するという。

筆者は、ひとりの個人が仕事の仕方を工夫するメソッドを「生産性上昇の方法」と称していることに疑問を抱く。生産性とは組織やチームの成果である。その成果は、個業ではなく、協業の効果としての最大化が求められる。大切なのは、チームの1人当たりの生産性である。1人ひとりが役割分担や分業を行った結果、協業の利益が最大化される。協業の効果を重視するのが、経営学の発想である。

■リッチな消費者が少なくなった副作用

一方、経済学から経営学をみた場合、「個々の企業の努力だけでは、生産性上昇に限界がある」という反論もあろう。イギリスの経済学者J・M・ケインズ（1883〜1946）は、皆が節約に走ると、いくら個々の企業が収益拡大をしようとしても、世の中の金回りが悪くなって不況になると説いた。これは現代日本にまさしく当てはまる。

高齢化すると、節約によって消費は相対的に縮んでしまう。そこに企業の節約志向が加わると、皆がお金を使わなくなり、結果的に景気は伸び悩む。ケインズは、政府が呼び水効果として支出・投資を積極化すれば、じきに個人や企業も支出を増やし始めると考えた。

ケインズの「節約が不況を生む」という分析は正しい。だが、政府支出の増加で不況脱出という処方箋は正しくない。高齢者の先行き不安は、政府支出とは関係なく続くからだ。

企業がいくら技術やアイデアを付与したサービスを顧客に売ろうとしても、付加的サービスは不要だから自分は安い標準品で我慢するという顧客が多ければ、生産性上昇は成り立たない。高齢化によって、割安な製品サービスで我慢する顧客が増えてしまった日本で生産性を上昇させるには、まさしく個々の企業の努力だけでは消費拡大を喚起するのに限界がある状況だ。

米国では、付加的サービスを企業が提供すると、リッチな消費者がすぐに買ってくれるから、生産性が高まりやすい。片や、日本はリッチな消費者が少なくなり、高付加価値化が成果を上げにくい。高齢化は、日本市場を激しい価格競争に追い込み、差別化もしにくいレッドオーシャン（血の海の市場）に変えてしまった。このハンディを無視することはできない。

お金持ちの多い国では、需要が強くて稼ぎやすい。だから生産性は高まり、ますますお金持ちが増える。これは、トートロジー（同語反復）のようだが、真実である。

■新しいリッチ層を育てよ

日本では2000年頃から年金生活者が急増している。一方、給与所得者の00年と15年の所得分布を比較すると、年収500万円以下の所得階層が軒並み増加し、15年間で474万人も増えた。また年収500万円超1000万円以下が135万人も減少した。

年収1000万円超の人も39万人減少している。

このデータは、高齢化によって日本にリッチな消費者が少なくなったことを示している。顧客が高齢化すると、売り手（企業）側は事業を拡大しにくい。経済に縮小圧力が働き、勤労者のほうも所得を失っていくという負の連鎖が起きやすい。これは格差拡大というよりも、低所得化・中流崩壊と言った方がよい。そのため需要は弱くなり、生産性が高まりにくい。極めて不都合な真実である。

政府が公共事業をどんなに増やしても、高齢化のトレンドを変えられない。一時的に需要を増やしても意味がない。どうにか経済の流れを好循環に逆転させる原理を考えるしかない。その原理とは、経済の主役たる企業が継続的に稼げる商売を発見し、若い勤労者世代への所得分配を増やして新しい需要の担い手としてのリッチ層、新しい中流階層を育てることである。

高齢化のカウンターパワーとして勤労者側でリッチ層を育て、彼らから高齢化のマイナス作用を上回る消費をひっぱり出す努力が必要になる。究極的に求められるのは需要の量ではなく、需要をひっぱり出す供給サイドの力だ。

2　生産性を捉え直す

さらに基本に立ち戻って生産性を理解してみたい。
経済学の教科書的には、生産性には以下の2種類がある。

■生産性の種類

①物的生産性＝生産数量／労働投入量
②付加価値生産性＝付加価値／労働投入量

ともに、アウトプット／インプット＝生産性の公式に従っている点では変わりがないが、アウトプットの中身を変えている。

①の物的生産性は、工場などでの生産効率を表す尺度である。分子のアウトプットは数量として捉えられる生産数、販売量、収獲個数などになるが、これらは利益ではない。分

母の労働投入量は、従業員数あるいは従業員数×1日の労働時間、などとなる。システム開発などでは、作業に従事する人数と各人が作業する1日の時間を掛けて、延べ時間（マンアワー）で作業量を表現することがある。それで生産数量を割ると、1時間当たりの生産数量が求められる。

1時間当たりの生産数量は、まさに1単位の生産効率がいくらなのかを量る尺度である。この生産効率を決めるものは、まずは機械の性能である。機械を昼夜一貫して24時間稼働させた場合、生産量は最大になる。

だが、生産効率が機械の性能だけで決まるかというとそうでもない。取引先からクレームがあった場合、機械は止まる。欠陥品を出さない正確性が必要とされる。また、機械は稼働の途中で、不具合や異常を感知して止まることがある。そうした稼働停止が極力ないように安定稼働を目指すことも重要になる。物的生産性を高めるためには、単に機械の性能を高めるだけでなく、工場での安定稼働を目指し、機械がストップするヒューマン・エラーを未然に防ぐことが肝心ということになる。トヨタ生産方式やテーラーの科学的管理法といったメソッドは、こうした種類の生産性上昇のために役立つ。生産効率を上げるための「管理」、「生産管理」が生産性を決めることになる。

それに対して、②の付加価値生産性は、もっと汎用性のある生産性の概念である。

生産性＝付加価値／労働投入量という算式には、もう少し細かな解説が必要になる。付加価値とは利益の概念であり、売上げから原材料費（売上原価）を除いた粗利《あらり》（売上総利益）である。1人が稼ぐ粗利が大きくなれば、付加価値生産性は上昇する。

利益拡大のためには、（1）利鞘拡大、（2）販売数量の拡大という2つの方法がある。ここには営業、商品開発、経営企画なども絡んでくる。つまり、企業があらゆる活動を通じていかに粗利を多く増やすかを工夫することが、付加価値生産性の上昇につながるのだ。

■付加価値の源泉が変化する

近年は、物的生産性が中心の時代から、テクノロジーを使った付加価値の獲得競争の時代へと変化している。生産効率だけでなく、製品・サービスの開発力、そして経営の質を高めることが要求されてくる。そうした生産性の「質的変化」は、物的生産性から付加価値生産性の追求へのシフトでもある。そして、付加価値生産性の追求は、工場などの「管理」から、企業全体の活動の「工夫」へと競争をシフトさせている。

さらにＩＴの時代になると、製品そのものよりも、サービスを提供するプラットフォームの競争になる。顧客が使うアプリは、基本ソフト（ＯＳ）上で駆動する。スマホの基本ソフトはアンドロイドとｉＯＳの２つが主流である。この２つのプラットフォームは会員制クラブのようなもので、囲い込まれた顧客は少し割高なサービスでも買わざるを得ない。

２０００年代以降、日本企業はこうしたプラットフォーム競争から脱落した。生産性を高める競争の究極の姿は、プラットフォームの仕組みをつくり、業界の覇権を握ることなのだが、日本企業はそうしたことはどうも苦手のようだ。

■管理会計でコストを可視化

ところで、生産性を考えるとき、コストはどこに入るのか？

生産性＝アウトプット／インプットの公式には、コストが入るところが見当たらない。これは単なる数式処理上の話ではない。生産性を論じている人たちがコストを考えていないことを暗示しているのだ。

筆者は、「生産性を高めよう」と叫ぶ人々の姿を見て不思議に思うことがしばしばある。彼らは人員・設備・予算（ヒト・モノ・カネ）を全く動かさないで成果だけ上げることを暗黙の了解にしているからだ。つまり、コストを視野の外に置いているのだ。

生産性の公式の中でコストが隠れている場所は、インプットのところである。たとえば労働力を3人投入すれば、3人分の人件費が生じる。3人が毎日3時間の残業をすれば、そのぶんインプットは増えるが、残業代分の人件費が上乗せされる。また、じつはアウトプットの部分にも人件費が隠れている（これは後述する）。

視野の外に置かれがちなコストの概念をわかりやすくするために、管理会計の知識を使いながら考えることにしてみよう。

付加価値の生産性を知ろうとするとき、企業の財務データを使って表現するとてもわかりやすい。財務データを用いて経営の指標にする手法を管理会計という。スピードメーターなど計器パネルをみて飛行機を操縦（経営）するのに似ている。

管理会計の発想で考えると、生産性＝付加価値／人数、という単純な尺度で考えるだけでは十分とはいえない。人数のところを人件費と置き換えることで、生産性の概念の中にコストを考慮することができる。

人件費1円当たりの生産性＝付加価値／人件費

この数式を使って、人件費1円当たりでどのくらいの付加価値（粗利）を稼ぎ出しているかを知ることができる。経営側からみると、人への支出がどのくらいの投資効率を生んでいるかを測る指標になる。

■固定費は数量拡大で回収する

また、人件費がすべて粗利を直接的に稼ぐ活動に投じられている訳ではない。企業には、生産・販売などに携わる従業員と、バックオフィスで総務・企画・支援をしている従業員がいる。直接部門と間接部門である。

生産性とともに増えていく直接部門の人件費は、会計では製造原価に分類される。原材料と同じく原価の中に入ってくる売上原価であり、売上数量に連動する「変動費」と言える。売上げに比例して、粗利は増えていき、直接部門の人件費も増える。このことは、アウトプットの部分にも人件費コストが入っていることを示している。

では、間接部門の人件費はどうか。バックオフィスの人件費は、企業の活動量とは無関係にかかる費用である。研究開発や製品サービスの企画立案をする人の人件費も、こちらに属する。売上げに比例せず、固定的な支出になるから、「固定費」という。

企業にとって固定費は、粗利の一部を使ってまず回収すべき部分になる。借金返済のようなものだ。収益を黒字化するため、一定の数量を売って粗利を固定費に見合うだけ稼ぐ。それが終わると、今度は活動量を増やせば増やすほど企業収益が上積みできる。

一方、粗利を増やすためには、製品の質を高めて価格を引き上げることによって、利鞘を拡大させていく方法もある。製品１個を売ったときに追加的に増える利益、つまり変動利益（限界利益ともいう）が拡大するのだ。変動利益＝価格－変動費、となる。

変動利益を増やすことができれば、今度は売上数量をある程度増やすことで粗利の総量を大きくできる。粗利によって固定費の人件費をどれだけ早く回収できるかが、企業の利益を増やすことにつながる。以下の状態になると、利益がプラスに転じて、急速に利益拡大していく。

付加価値＝売上数量×変動利益＞固定費の人件費

右の数式で、売上数量×変動利益＝固定費、となるポイントが「損益分岐点」とされる。比率で示すと、損益分岐点比率は、以下のように表すことができる。

固定費／粗利＝損益分岐点比率

たとえば固定費が１００で、売上数量50、変動利益５とすると、損益分岐点比率は、１００／(50×５)＝１００／２５０＝40％、となる。つまり売上数量が20個になったところで固定費１００に対する回収ができて、残りの30個がまるまる利益となるというわけだ。

■損益分岐点とソローの全要素生産性の深い関係

さて、ここで生産性のことを思い出してほしい。

人件費１円当たりの生産性＝付加価値／人件費

この式はよくみてみると、損益分岐点比率の分子・分母を引っくり返したものとよく似ている。人件費は、固定費のうち大方の部分を占めている代表的な要素である。

損益分岐点の考え方

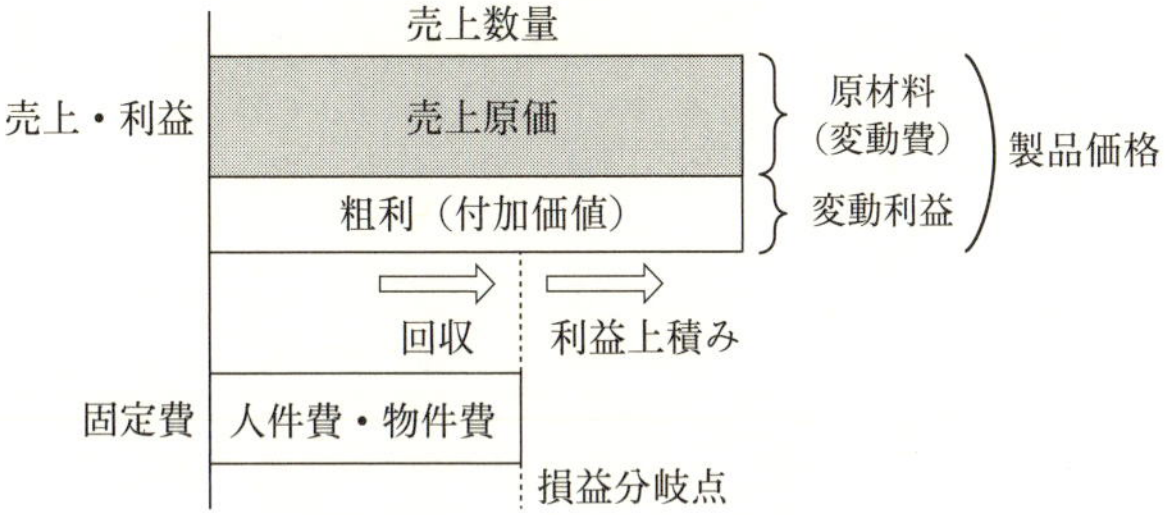

粗利 ＝ 売上 － 売上原価
　　＝ 売上数量 × 価格 － 売上数量 × 変動費
　　＝ 売上数量 ×（価格 － 変動費）
　　＝ 売上数量 × 変動利益

粗利 ＞ 固定費　となると、そこから利益がプラスになって、
　　　　　　　　利益が上積みされる。

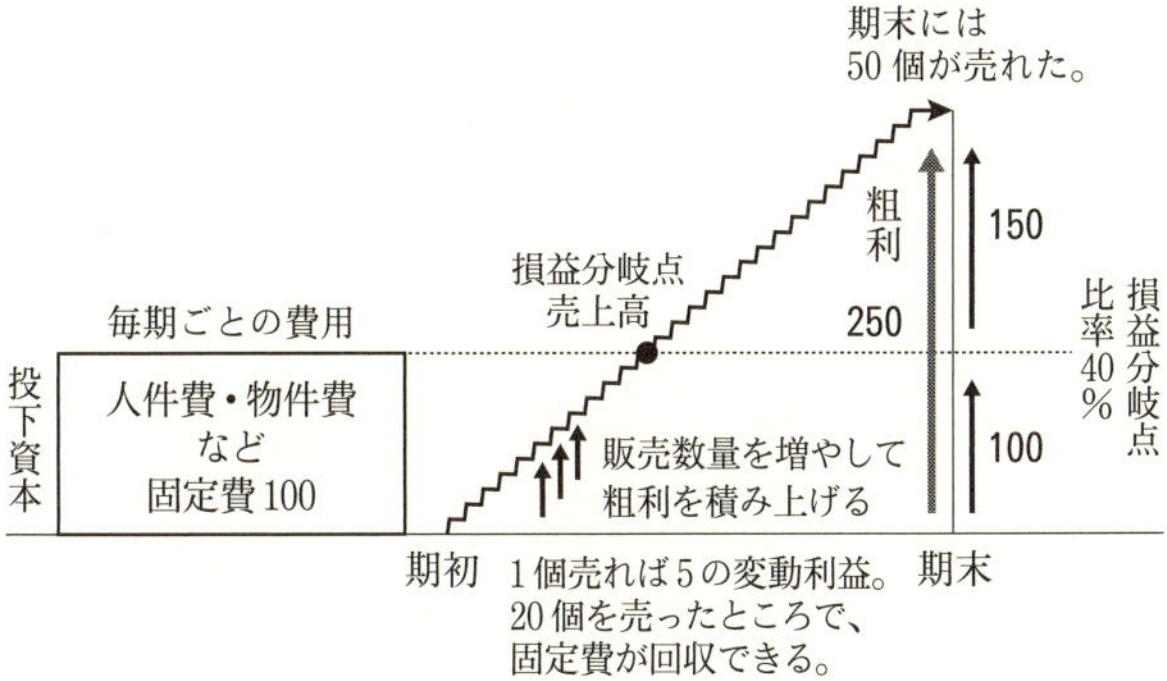

損益分岐点比率＝固定費／付加価値

この逆数をとれば、生産性＝付加価値／人件費、の数式とよく似ている。この関係からは、損益分岐点を低下させるほどに生産性が上昇することがわかる。

次に、固定費と人件費の違いを考えてみよう。固定費には、人件費以外に物件費もある。物件費とは企業が活動するとき、物に対して支出した費用である。家賃、光熱費、リース料、減価償却費、交際費、広告費、などの人件費以外の費用を大きく括っている。概念的に言えば、多様な資本ストックの利用料という理解ができる。

固定費＝人件費＋物件費

この固定費を使って、損益分岐点比率をもう一度考えてみよう。

損益分岐点比率＝固定費／付加価値

損益分岐点と生産性の関係

売上数量 × 変動利益＝粗利

粗利－固定費＝営業利益

労働と資本の使用料

…イコール固定費となったところで、固定費が回収できる（損益ゼロ）。

損益分岐点比率 ＝ 固定費／粗　利

↓

1／損益分岐点比率 ＝ 付加価値／固定費

（例）固定費 100 のとき、変動利益 5 の製品を 20 個売ると、固定費が回収できる。

…固定費 1 円が生み出す生産性を示している。

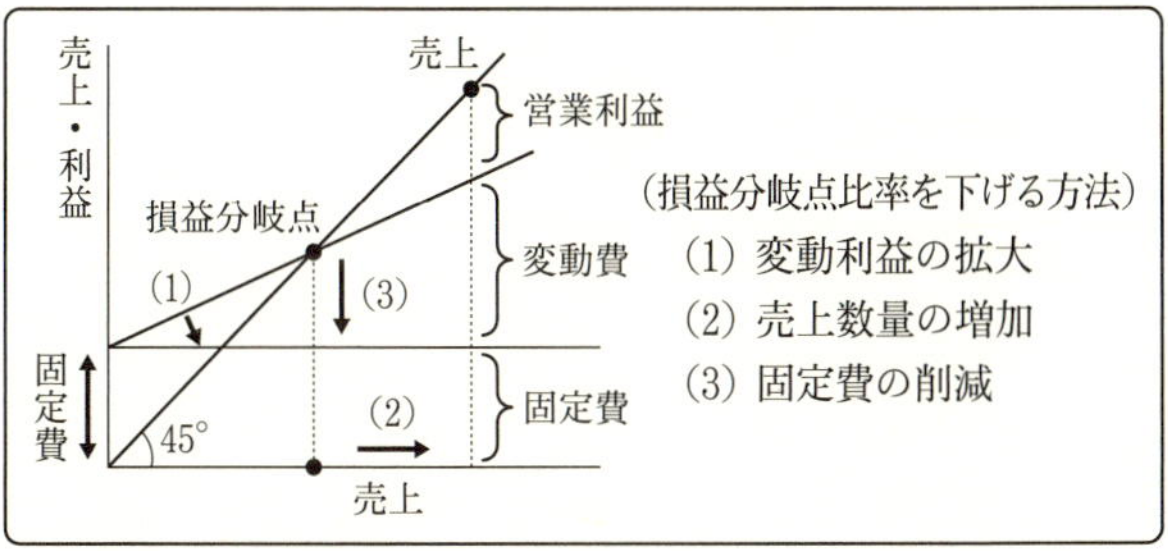

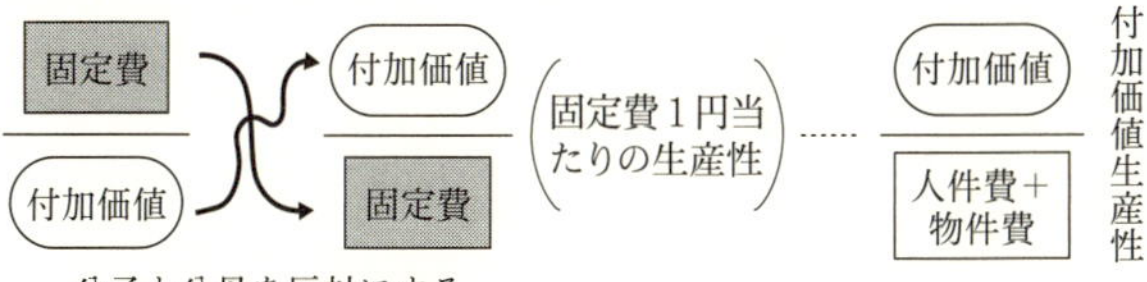

分子と分母を反対にする

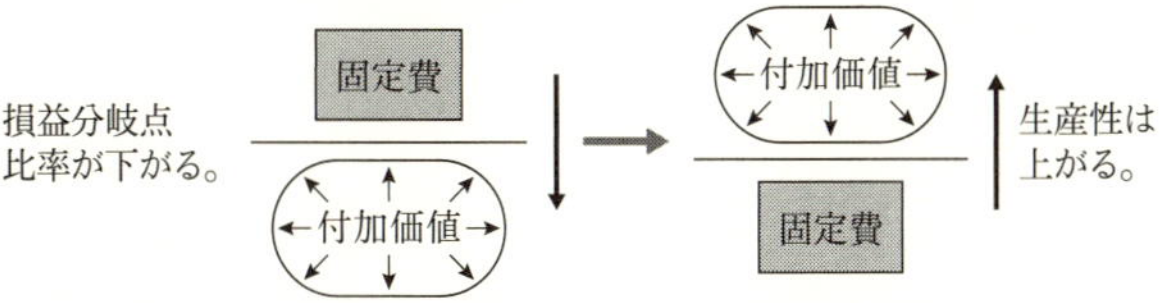

損益分岐点の低下は、生産性上昇とほぼ同じことを言っている。

その逆数をとると、

1／損益分岐点比率＝付加価値／固定費
＝付加価値／（人件費＋物件費）
＝固定費1円当たりの生産性

という関係になる。

ここで、ソローの全要素生産性（TFP）のことを思い出してほしい（88ページ参照）。TFPとは、労働と資本というすべての生産要素によって生み出された生産性のことであった。

労働と資本を一緒の単位で同等に評価することは困難なのだが、それらに支払われるコストに注目すると、固定費が求められる。この固定費とは労働の費用（＝人件費）、資本の費用（＝物件費）により構成され、全インプットのトータルの利用コストを指している。

ということは、合算した労働と資本のインプットの使用料1円当たりの付加価値の創出力が、全要素生産性、つまりソローのTFPと同じであることを示しているのだ。

■TFPを高める3つの方法

筆者は、経済学でよく使われるTFPという概念が腹にすとんと落ちてこなかった。だが、管理会計の道具を使って再定義すると、企業が採算性を高める工夫をすることで限られたインプットからより多くのアウトプット（＝付加価値）を生むということが、すっきりわかってきた。TFPとは技術進歩だけではなく、企業の採算性向上のあらゆる工夫・活動を含む広い概念だったのだ。

ここまでわかれば、TFPを高めるために、企業が何をすればよいかを管理会計の知識を使って、より実務に近い具体的手法をイメージすることができる。

管理会計では、損益分岐点比率を下げる方法は、次の3つが知られている。

（1）変動利益の拡大：商品力の向上、販売価格の引き上げ、コストダウン

（2）売上数量の増加：販売促進、営業効率の向上

（3）固定費の削減：間接部門のスリム化・機能代替

こう考えると、企業にとっての生産性上昇が、日常の経営努力の延長線上にあることがわかって、少し身近に感じることができる。要するに、生産性上昇とは、採算性を良くする活動に打ち込んだ結果のことなのだ。

3つの選択肢は、多くの業種で暗黙のうちに実践されている。具体的にみると、ほとんどの業種は、この3つのすべてを実践しているのではなく、3つのうち1つか2つに重点を置いている。

例えば、高級フレンチレストランは、(1)の相対的に少ない費用で高価格の製品を売るところに重点を置く。しかし(2)の販売数量の増加は積極的に追求していない。腕のいいシェフの獲得にもこだわるので、人件費は高くなる。(3)の固定費も大きくなってしまう。

駄菓子屋さんは、(1)では利益を追求できない。代わりに、多くの子供に来店してもらって顧客の回転率を高めることで(2)は実現できる。また、競争力の源泉は、立地条件と店主のおばあちゃんのキャラとなる。

■「合成の誤謬」というパラドックス

ただし、ここで注意したいことがある。

もしも企業がもっぱら（3）の固定費の削減ばかりをおこなったらどうなるか？　という点である。

固定費削減とは、人件費を削減したり、設備投資を減らして減価償却費を少なくすることだ。社会全体では、すべての企業が人件費を削減すると家計所得が減って、消費不況に陥る。すると、企業は販売価格の引き上げや、売上数量の増加ができなくなって、かえって生産性が低下してしまうのだ。

マクロ経済では、個々の企業が生産性上昇のために合理的に行動すると、節約志向が需要を圧縮することが起こり得る。その結果、個々の企業は逆に生産性低下を余儀なくされる。これは、前述したケインズが語った「合成の誤謬」という有名なパラドックスである。

じつは（3）の固定費削減だけでなく、（1）の変動利益の拡大でも、こうしたパラドックスが起こる。原料など仕入れ価格を過度に安く買い叩くと、同様に需要を圧縮する効果があるからだ。このことは、生産性＝アウトプット／インプットの分母の部分の削減を行うと、需要が減って分子のアウトプットの方も連動して縮んでくる効果として捉えることもできる。

したがって生産性上昇を考えるときは、マクロ的に引き起こされる「合成の誤謬」を念頭に置いて、「良い生産性上昇」と「悪い生産性上昇」を区別して考える必要がある。やみくもな生産性上昇の追求は、かえって自分の首を絞めるともいえる。ここは、企業経営者の良識ある行動が求められている部分でもある。

■生産性を高めるための投資

生産性を考えるとき、コストのほかにもうひとつ見落としやすいものがある。投資である。

生産性＝アウトプット／インプットの公式だけみると、インプットを減らすほど生産性が上がるという印象を受ける。たしかに労働投入量（人員）を増やし過ぎると、人員余剰が生じ、生産性を下げてしまう。

一方、同じインプットでも、資本投入（投資）は、労働投入とは意味合いが違ってくる。企業が新しい需要を掘り起こし、さらなる利益を確保するためには、投資を実施するしかない。イノベーションに絡んだ事業を開拓する目的で投資をするのだ。このときの投資と技術進歩は一体化していることが多い。

　こうした発想が、生産性の公式だけで考えると、置き去りにされやすい。収益性の高い投資というインプットを発見し、それを積極的に増やすことは、アウトプットの向上、つまり生産性向上の切り札になるのだ。

　既存のストックは、時間の経過とともに陳腐化していく。だから、企業の資産収益率も自然と落ちていく。それを頭に入れて新規投資を行うことで、ストックの中身を入れ替える。経営者はそうした収益率を高める努力を怠らずにしなくてはいけない。投資をしなければ生産性は落ちていく、と心得たほうがよい。

　設備投資には税法上の法定耐用年数が決められていて、数年間で価値（残存価値）はなくなってしまう。これは、あくまで減価償却のルールであって、ＩＴ機器・ソフトウェアはもっと短くて1、2年間で陳腐化してしまうことだってあり得る。企業のウェブサイトが1カ月も更新されずにいると完全に時代遅れになる、と言えばわかってもらえるだろう。また、新技術の登場で、既存の資本ストックが無価値になる可能性も絶えずある。

　この原理は、知識や人的投資にも共通する。いや、知識や人的資本を源泉にして激しく競争している分野（メディア、ＩＴなど）では、なおさら陳腐化は速い。だからこそ、投資は非常に重要なのだと言える。

■日本の半導体産業はなぜ韓国サムスンに敗れたか？

ひとつの教訓として、日本の半導体産業が１９９０年代後半から２０００年代にかけて韓国メーカーに追い抜かれた経験がある。その理由は、設備投資の積極さが韓国メーカーにはあったことにある。

日本企業はバブル崩壊後、世代交代していく半導体技術に対して必要な設備投資を怠った。この間、サムスンなどの韓国メーカーは設備投資を積極化させていき、日本企業からシェアを奪取していった。不況のときも半導体市況が下落したときも、韓国メーカーは設備投資を積極的に続けた。

技術ジャーナリストの西村吉雄は、著書『電子立国は、なぜ凋落したか』（日経ＢＰ社）で、日本企業が償却コストの回収を徹底しなかったことが敗因だと指摘する。

例えば、日本企業は製品の歩留まりを上げることには熱心だ。反面、稼働率を引き上げて固定費（償却コスト）をできるだけ早期に回収することは後回しだ。一方、韓国メーカーは、新しい半導体工場を立ち上げたとき、建屋ができると掃除もしないで装置を稼働させて、一刻も早く製品を出荷しようとする。ちりやほこりがあったら、クリーンルームの高価なフィルターを使い捨てでどんどん使って除去する。掃除などに時間をとられては時間がもったいないという考えなのだ。

このエピソードは、日本と韓国メーカーの財務に対する考え方の根本的な違いを表している。投資の積極化を韓国メーカーが怖がらなかったのは、財務的に稼働率を上げて償却コストを回収することに自信を持っていたからだ。

この投資活動こそが生産性を高めるためのポイントになる。生産性上昇のことを「ストックを増やさずに収益性を高めること」と曲解せず、次に行う新規投資の収益性をより高めることが大切なのである。

■医薬品開発にみる「見極める力」の重要性

難しいのは、より高い収益を生む新規投資の実現には投資リスクが存在することである。そこに王道はなく、試行錯誤を繰り返しながら経験値を積み、成功確率を高めるほかない。投資の成功確率を高めようとする行動で参考になるのは、医薬品の開発である。医薬品の開発では、以下の2つの戦略がある。

（1）なるべく多くの化合物を臨床試験してみることで、優れた化合物を探し出す

（2）臨床試験で成功する確率の高そうな化合物を絞り込んでから試験を行う

このうち（1）の利点は、より優れた化合物を発見するチャンスにある。欠点はその探索に大きな費用が発生することだ。（2）では費用は最小化できるが、優れた化合物がほかにあるかもしれないというチャンスを逸する可能性がある。（1）のチャンス重視と（2）のコスト重視の戦略は、トレードオフの関係となる。

業績を上げている大手の医薬品メーカーは、基本的に（1）の戦略を取っているという。そのうえで、臨床開発のわりと早い段階で化合物の優劣を見定めて対象を絞り込み、費用対効果のバランスをコントロールしている。「大きく網を張って、一気に絞り込む」というノウハウだ。そこでのノウハウとは、着手した開発案件を継続するか中止するかをうまく見極めることにある。

見極める能力は、マネジメント能力といえる。成功するかどうかわからないプロジェクトを管理して、それを冷静に選んでいく能力である。マネジメント能力は、経験を通じた学習でしか高まらない。この学習は、組織活動のなかにノウハウが継承される。組織の活動に所在する担当者が何年かして入れ替わっても、正しく早く選別する能力は後任者によって引き継がれる。それを含めてマネジメント能力と呼んでいる。

■ドラッカーに学ぶ「明日への投資」

投資の前提として、その原資を生み出すプロセスを考えなくてはいけない。

教科書的に言えば、投資の原資とは、企業収益である。企業が儲けた収益から株主への配当などを支払って手元に残ったものがキャッシュフローとなる。また、企業の手元にキャッシュフローが乏しければ、銀行などから借入れをして原資を増やす方法もある。

現在、日本企業は金あまりと言われ、潤沢な資金が資本ストックの収益性を高める活動に積極的には投じられていない状況がある。この点は、生産性上昇を目指す姿勢とは矛盾している。

だが、ほとんどの組織人は、会社がたくさんのリソースを保有していても、自分たちでは自由に使えないのが一般的だろう。悩ましい課題である。

自分の手で自由にできるものを、投資の原資にすることはできないものだろうか？

その境遇をブレイクスルーする方法は、ドラッカーから学ぶことができる。この方法は「余力をつくり投資する」、「貯蓄を投資に回す」という単純な考え方である。

私たちは、日々の活動時間の中から余力をつくり出し、その時間を新しい活動に振り向けることができる。まずはそうした余力をつくることが第1弾だ。ここでの余力とは時間を指すが、これを自己資金の余力と読み替えてもよい。そして第2弾は、余力を使って新しい活動に取り組むことだ。

ドラッカーの著書『経営者の条件』にはこんな指摘がある。

「成果をあげる者は仕事からスタートしない。時間からスタートする。計画からもスタートしない。時間が何にとられているかを明らかにすることからスタートする。次に時間を管理すべく、時間に対する非生産的な要求を退ける。そして最後にそうして得られた自由になる時間を大きくまとめる」

ドラッカーの公式は、仕事時間＝必要時間＋自由時間、となっている。非生産的な時間の使い方を節約することで必要時間を短くする。そして、あたかも貯蓄を増やすように、自由時間を長くしていく。1日8時間労働ならば、必要時間を8時間から6時間にして、残りの2時間を自由時間とする。節約分が自由時間の延長となる。

ドラッカーはこの自由時間を新しく成果を上げるための工夫に充てよという。いわば、明日への投資だ。投資する時間は必ず1日2時間としなくてもよい。8日分の節約をまとめて16時間を使ってみるという使い方にしてもよい。

『経営者の条件』の原題は「The Effective Executive」。直訳すると「できる経営者」だ。ドラッカーは、できるエグゼクティブの条件として、慌ただしく時間に追われる日々だからこそ、時間の管理ができることを指摘する。自由な時間は、苦心して必要時間を削らなくては、決して生まれない。その貴重な自由時間を使って行うことが「明日への投資」である。

明日への投資とは、生産性上昇をつくる時間とも言い換えることができる。時間の効率化は生産性上昇を導く。しばしば「効率化と生産性上昇は違う」と主張する人がいるが、両者はイコールではないにしても強い関連がある。自分の仕事を効率化できなければ、新しい生産性上昇の為の工夫に割くエネルギーは生まれない。また、作業を効率化するなかから新しいアイデアも生まれやすい。

ドラッカーの発想を導入している企業は多い。たとえばポスト・イットを開発した米国の化学メーカー3Mには「15%カルチャー」がある。執務時間の15%は自分の好きな研究を行ってよろしいという働き方である。グーグルにも同じような「20%ルール」があった。

筆者は生産性を考えるにあたって「時間」という概念を重視したい。時間は、生産性の公式ではインプットに相当する。そして、時間はコストと同等の意味がある。無駄に3時間を使ったということは、別の仕事を3時間して得られた成果をふいにするのと同じだ。

2010年に長崎のハウステンボスをHISが買収したとき、澤田秀雄会長はあらゆる経費の2割カットを従業員に指示した。どうしても削れない案件や部署に対しては、「1・2倍速く動くこと」を求めたという。澤田は節約した経費を使って、新生ハウステンボスが「本物のオランダ以上」の価値を創造するよう投資を行った。ここにもドラッカーと同じ考え方がある。時間節約は、生産性を高めるための隠れたファクターなのだ。

■生産性拡大のための3段階アプローチ

成果を増やすためのセオリーは、次のようにまとめられる。

まず、新しい活動に投資するための余力を効率化によって生み出すことだ。

次に、この余力を使って、新しい試行錯誤を行うことだ。新しい活動は失敗するかもしれない。いや、新しいものに失敗はつきものである。それでも、次々に余力を新しい活動に注ぎ込んでいく。失敗を通じて経験値が高まっていく分、失敗が防止できて、いつの日か成功を摑むことができる。

整理すると、余力づくり→投資と試行錯誤→成果、という道筋をつくることが王道だ。

成果を増やすためのセオリー

〈STEP1〉

余力づくり

1,000万円の仕事を50人から40人に減らして行う（効率化）。

$$\frac{\text{1,000万円}}{\text{50人}} \rightarrow \frac{\text{1,000万円}}{\text{40人}\downarrow}$$

生産性は1人20万円から25万円に。
10人分の余力ができる。

〈STEP2〉

投　資

10人が新しい事業を始めて500万円を稼ぐことに成功。

$$\frac{\text{1,000万円}+\text{500万円}\uparrow}{\text{40人}+\text{10人}\uparrow} \rightarrow \frac{\text{1,500万円}}{\text{50人}}\uparrow$$

生産性は1人25万円から30万円にアップ。

〈STEP3〉

横展開

40人は、新事業に携わった10人に学ぶ。

$$\frac{\text{1,000万円}+\text{500万円}}{\text{40人}+\text{10人}} \rightarrow \frac{\uparrow\text{2,000万円}+\text{500万円}}{\text{40人}+\text{10人}} = \frac{\text{2,500万円}}{\text{50人}}$$

生産性は1人30万円から
50万円に飛躍する。

> 投資の成長プロセスは、
>
> 余力づくり → 投資 → 横展開　として完成する。
>
> 投資が新事業として実を結ぶまでの経験を、新事業に携わらなかった組織内の他のメンバーが学ぶことで、収益率が向上。

世の中で語られている「働き方改革」は、仕事を効率化して労働時間の余力を生む最初のステップでしかない。最も知恵を絞らなくてはいけないのは、働き方改革によって生み出した余力を何に投資するかである。その投資行動が生産性を高める。ここが肝心である。

生産性上昇に向けた活動では、もうひとつの波及メカニズムがある。それは、成功した新しい活動の教訓を、組織内の他部門が共有して学ぶことである。新しい活動をしたメンバーは、成功に辿り着くまでの試行錯誤で得た経験値を豊富に蓄積している。その有益な経験値を、社内勉強会で広く知らせ、ドキュメントにして残す。成功事例から学んで、それを横展開する。

じつは、ほとんどの組織では、誰かが成功事例をうまく摑んでも、他と共有しないことが多い。誠にもったいない。組織の中にはセクショナリズムがあったり、自分たちが組織内の上位の序列にあるとの優越感を持って他部門を軽んじて学ぼうとしない風潮がある。他部門に学べば超低コストで横展開の活動ができるのに、本当にもったいない。生産性上昇のためには、①余力づくり、②投資、③横展開の3つのステップが肝要なのだ。

例えば今、50人のチームで事業を運営していたとしよう。企業からは新規事業のために人員を増やすことは許されていない。そこで、50人の仕事を40人で回せるように効率化した。10人の余力が生み出せたということである。

チームリーダーは、その10人を動員することで新規事業を起こして成果を出すと本部に掛け合って、予算をもらう。新事業は何度か失敗はしたが、次第に10人で従来よりも高い収益を稼ぎ出すことができるようになる。それだけではもったいないので、チームリーダーは、10人が失敗から成功をつかむまでの教訓を整理して、残りの40人にもノウハウを伝え、生産性向上を従来の事業でも実現させる……という流れである。

3　不確実性とリスクをどうマネジメントするか

■不確実性とリスク

高い生産性の実現には、投資が重要だと説いてきた。しかし、現実には企業は金あまりで、投資よりキャッシュの保持を選択している。投資を優先しないのは、先行きへの過度な警戒心があるからだ。その警戒心が、投資リスクを大きく見せているのだ。

設備投資、人的資本、研究開発のいずれも、失敗したときの損失リスクがつきものだ。それらの投資活動を阻んでいるメカニズムについて、本項では踏み込んで考えてみよう。

投資の実行には不確実性という要因が関与してきて、リスクをとることを躊躇させる。不確実性に関する研究では、ケインズの論敵であったF・A・ハイエク（1899～1992）、そしてフランク・ナイト（1885～1972）に刮目すべき意見がある。

ナイトは、リスクと不確実性を区別した。リスクとは、ある事象が発生する確率の分布がはっきり知られていて、それに備えることができるものを指す。それに対して不確実性とは、予期できない事象であり、確率分布すら描けない状態に陥ることだという。

何か未知なるショックが起きたとき、生産性上昇に向けた投資活動は抑制される。たとえば2008年のリーマンショックは、ナイトの言う不確実性であった。ほとんどの企業が先行き不安によって投資に慎重になった。

私たちが考えたいのは、経済が一度大きなショックに見舞われた後、「いつまで投資活動が抑制されるのか？」ということだ。時間の経過とともに、企業がどのように不確実性を乗り越えられるのかという点である。

不確実性を理解するための思考の補助線として、逆を考えたい。不確実性の反対語は、予見可能性である。普段の私たちの生活は、過去の経験から未来を予想しやすく、予見可能性は高い（不確実性は低い）。

予期できない事件（たとえば大地震）が起こると、ナイトの言う不確実性が急激に高まって、その直後は一時的にまったく先が読めなくなる。そこから時間が経ってくると、経験を少しずつ積み重ねて、徐々に予見可能性を高めていく。すると、人や企業は徐々に活動を再開させることができる。

このように、不確実性とは、主観的に人々の心理に働く「見方」である。一方、リスクとは成功確率と失敗確率、予想収益率と予想損失率である。客観的事実・事象としてリスクはある。

人の「見方」が様々な出来事によって変化すると、人の心理はリスクをとれるようになったり、逆にリスクをとれなくなったりする。その幅をリスク許容力という。リスク許容力とは、予見できないことを我慢して実行する力量である。主観的な忍耐力とも言い換えられる。

■リスク許容力の小さな上司は最悪

リスク回避の志向は、予期できない事件→不確実性の高まり（＝リスク許容力の急低下）→リスク回避行動、という順序で決まる。不確実性の高まりは、人に先行きを予想しにくく感じさせるため、リスク許容力を下げる。そうすると、予想損失率の上昇を回避するように、人や企業は極端な安全志向へと豹変することになる。

このリスク許容力の低下は、私たちが仕事をする上で、様々な判断のネックになっている。

例えば、世の中には生産性を上げるためのアイデアやメソッドは山のようにある。それなのに、なぜ誰もそうしたアイデアに挑戦しないのだろうか。

その理由としてよく耳にするのは「予算がない」、「人を動かせない」という表面的理由だ。

しかし真相は、組織のリスク許容力が低下しているからではないか。個人のリスク許容力の差は、経験と知識の多寡によって決まる。基本的に、経験と知識が豊富な人はリスクテイクに寛容である。

サラリーマンの中には、以前の上司の下ではバリバリ成果を上げていたのに、人事異動で新しい上司になった途端に死んだようになってしまったという例は多い。

今の上司と以前の上司は、根本的に何が違うのか。それはリスク許容力である。小さなことにケチをつけ、「予算がない」、「前例がない」と口実をとうとうと述べて予算化、事業化を阻む上司。これは上司のリスク許容力が小さいからである。

反対に、「失敗するかもしれないが、やってみよう」と応じてくれる上司は、リスク許容力が大きい。成功体験を重ねてきた人は、たとえ部下が失敗しても、今後、自分の得点でその失点ぐらいは取り返せる自信がある。経験則で言えば、自分で成果を出してきた上司ほど、リスク許容力が大きい。

逆に、自分で実績を生んだことのない上司ほど、リスク許容力が小さくなる。サラリーマンにとって、自分の人事がリスク許容力の小さな上司の下で、負のスパイラルに落ちていくことは何よりの恐怖だ。

日本企業は、長期不況や未曾有のショックを経験したことで、以前に比べて全体的にリスク許容力を低下させてしまった。

■前例踏襲こそリスク

では、どうすれば、組織やチームのリスク許容力を高めることができるのだろうか。

リスク許容力は、主観的に決まってくる。予見可能性が高い人はリスク許容力も高く、「仕事ができる人」と呼ばれることが多い。多くの人は、自分の担当分野については予見可能性が高い。これは、その分野の経験値が高いからだ。多くの「仕事ができない上司」は、何ごとにも予見可能性が低く、したがってリスク許容力が低い。

人はなぜ前例重視なのか。それは、前例があれば不確実性が低いと感じられるからだ。前例は既知の情報として理解されるので、リスク許容力の低い人も、安全な行動を選択したという錯覚に陥りやすい。仕事のコツとして、「この人はリスク許容力が低そうだな」

と直感したときは、新しいアイデアを盛り込んでいても、さりげなく「前例がある」ことを匂わせると、ＧＯサインがもらいやすい。

しかし、変化の速い現代社会においては、前例踏襲で安心していること自体がリスクであるともいえる。これは大変恐ろしいことだ。これほど世界にネットが普及し、情報にアクセスしやすくなったにもかかわらず不確実性が高まっているのはパラドックスだと感じられる。きっと、それはＩＴ情報が不確実性を低下させるために使われていないことに原因がある。

ハイエクは、経済行動はそもそも不確実であり、未知の情報に溢れているという世界観を持っていた。そこでの意思決定に役立つのは、「知識」だという。ここでの知識とは、情報や統計データなどではなく、現場の経験で習熟した知識のことを指す。熟練的技能やリテラシー（使いこなし能力）と表現する方が正しい。

企業が情報リテラシーを高めて、不確実な局面への対処法を蓄積することができれば、投資行動を積極化することができる。生産性も、リテラシーを高めることで上昇する。

ハイエクはそのためには分権化が有効だとし、中央集権や過剰な介入を嫌った。ハイエクの考え方は自由主義と呼ばれ、今日の経済思想の基本的考え方になっている。

■分権化で組織の知性を高める

不確実性への対処は、生産性と密接な関係がある。

確率分布がわからない予期せぬ出来事が起きたとき、企業の上層部が効率的に処理するノウハウを持っているはずがない。しかし現場が自発的に工夫して解決法を探せることもある。結局、現場が一番知識を持っている。

ナイトは、だからこそ計画経済はうまく機能しないと予見した。現場は、その情報処理が中央集権的には管理されず、分権的に行われるところに強みがある。本来、現場で行うべき判断にすべて経営者がいちいち介入していたら、その企業の対応はスピードが落ち、顧客に迷惑をかけるようになる。そうした企業は、たちまち没落するだろう。

この失敗には多くの組織が陥ってしまっている。「おれは現場を知っている」と錯覚している経営者や管理職はあちこちにいる。彼らは自分の知識や経験が陳腐化していることを不幸にして知らない。残念ながら、多くの日本企業が、不況の大波がくる度に中央集権化を進めてしまい、現場の変化に疎くなってリスクテイクをしにくくなっている。

生産性上昇をめざした投資リスクに柔軟に対応するには、組織を分権化して権限を現場に近いメンバーに降ろしていく変革が望まれる。経営者はなるべく現場からの知識を集め、自分たちのリスク許容力を高める努力をする必要がある。いま日本企業の経営方針として最も望ましいのは、分権化である。

■ゆっくりと進む巨大な不確実性

不確実性は、巨大災害やリーマンショックのような突然やってくるものばかりではない。静かな不確実性もある。中国の台頭による安全保障上の懸念、日本国内の人口減少や少子高齢化、環境問題やCO_2の増加による異常気象など、静かにゆっくりと訪れる大波である。

日本企業が苦手とするのは、むしろこちらのほうかもしれない。

静かに訪れる時代の変化は、突然やってくるショックと違い、大きな危機感を感じさせないという点で、きわめて不都合である。組織が変革を遂げるには、変革に臨む求心力が必要になるが、ゆっくりと進む変化の中ではそれが生じにくい。トップダウンの会社は、リーダーが小さな変化に敏感であれば舵を切ることができるが、ボトムアップの会社では変化には鈍感である。誰かが気付いても対応には時間を要する。

よく知られたエピソードは、半導体メモリーの大手インテルの戦略転換だ。インテルは

1980年代前半に日本の電機メーカーから猛烈に追い上げられていた。インテルの業績が落ち込みはじめたのは84年半ば。日本製メモリーのほうが品質に優れ、米国製が劣っていると取引先から告げられたときの最初の反応は「否定すること」だったという。

メモリー事業からの撤退を当時の経営トップのゴードン・ムーアとアンドリュー・グローブが話したのが85年半ばである。同年、半導体の国際市場シェアは日米で逆転した。

2人はこんな会話をしたという。

「私（グローブ）は窓の外に視線を移し、遠くで回っているグレート・アメリカ遊園地の大観覧車を見つめてから、再びゴードンに向かってこう尋ねた。『もしわれわれが追い出され、取締役会が新しいCEOを任命したとしたら、その男は、いったいどんな策を取ると思うかい？』ゴードンはきっぱりとこう答えた。『メモリー事業からの撤退だろうな』」

（アンドリュー・グローブ『パラノイアだけが生き残る』日経BP社）

インテルはメモリー事業を止めて、まだ規模の小さかったマイクロプロセッサー事業に賭けた。実際に撤退したのは86年半ばで、再度利益を出すまでにさらに1年かかった。戦略転換点を乗り越えるまでに、合計3年が費やされたことになる。

その後、インテルはCPU市場を席巻し、95年以降、マイクロソフトと共同で「ウィンテル」と呼ばれる覇権体制を築いたことは周知の事実である。もし85年に戦略転換点を横切る決断をしなければ、インテルは確実に衰退への道のりを歩んでいただろう。

■適応できない者とは袂を分かつ

インテルがメモリー事業で日本メーカーに勝てないという環境変化に気付いたとき、なぜグローブとムーアは経営の転換を決断できたのだろうか？

ここで「何も決断しない」という選択をするのは、容易なことだったろう。新しい事業へのシフトは、将来が不確実であるがゆえに、大きな賭けだったからだ。

どうすればゆっくり進む危機に対応できるのだろう。

グローブは、まず「迫りくる変化にいち早く気づき、前もって警告を発する人たちがいる」と言っている。警告を発する人は社内におり、経営陣に情報を伝えてくるという。

次に、どこが戦略的転換点なのか、社内で広く意見を集めて集中的にディベートする。恐れや先入観、しがらみを排除し、転換に動くべきかどうかを経営判断する。場合によっては「適応できない者とは袂を分かつことが必要だ」とも述べている。

自分の会社の運命を自分自身ではコントロールできなくなるような外部環境の大変化が

やってきたとき、なるべく多くの経営リソースを使って、自分たちが能動的に足を踏み出すかどうかを判断する枠組みを作っておく。

日本型組織はルーティンのなかで、「年長者ほど的確な判断ができる」という発想で組織を動かしている。これは平時は有効に機能するが、大きな変化がゆっくりと近づいてきたときは、十分に機能しない。

「社内で広く意見を集める」としても、大企業の場合は関連会社から遠隔地の事務所まで広く人材が分散している。正確に言えば、物理的な距離が問題なのではなく、組織のヒエラルキーの下層の従業員ほど自分の会社のことを全体として考える訓練がされていないことが、「広く意見を集める」効果を乏しくしている。

「もしもあなたが社長ならばどう動くか？」、「不満を持っている君がもしあの上司の立場ならばどう考えるか？」という問いは、筆者が先輩たちから若い頃に言われた言葉である。残念ながら、昔の筆者は自分が組織の上に立つというイメージがまったくわかず、この言葉は響かなかった。

とりわけ日本ではエリート層が集まる組織ほど、「保守本流」と呼ばれるような少数のメンバーしか組織の未来を考えるトレーニングを受けられない。これでは、経営リソースをフル稼働させて会社の未来について「広く意見を集める」ことはできない。

■ミスを素直に認めることが勝つ秘訣

現実として私たちの周囲に存在する危機は、いまや個々の企業の単位ではなく業界全体や日本経済全体の危機である。人口減少による日本経済全体の衰退は着実に迫っている。それなのに、多くの人が驚くほど無関心に過ごしている。

業界の危機と言えば、日本の半導体産業は1980年代に覇者となったが、皮肉なことに2000年代、今度は80年代のインテルと同じ立場に転落した。

分水嶺は、スティーブ・ジョブズがアップルに復帰した97年だった。その後、iPhoneの人気の波に日本の大手メーカーは置き去りにされた。00年代は液晶が最後の砦として期待されたが、中国の追い上げによる価格下落で日本は凋落した。

筆者は90年代前半、電機メーカーの調査を担当し、企業のヒアリングに行くために半導体について必死に勉強していた。当時、1メガバイトのメモリーが、4メガ、16メガ、64メガと4倍ずつ集積していく技術段階だった。熱い時代であった。筆者は当時、日本が半導体分野で将来追い詰められるなどとは夢にも思わなかった。

グローブは危機から転換へと動く際の動機付けとして、「他社がまだ迷っているうちに行動を起こす企業、最初に行動を起こす企業のみが、競争相手に勝つための時間稼ぎという真のチャンスをつかむことができる」と述べている。新事業には先行性のメリットが大きいから、リスクが大きくても先に動くことがメリットをより大きくするということだ。

ゆっくり迫る危機に際してうまく先手を打つには、社内において「知識の力を持つ者と、組織の力を持つ者の間にある壁を取り払」い、フラットな意見の交流を大きな組織の中で行える精神の自由を担保する体制をつくることが肝要だ。

グローブのインテルは、最善の判断を、幸運にもつかむことができた。

しかし、穿った見方をすれば、それは成功したからこそ美談として有名になっているといえる。はたしてこの成功例を一般化して応用可能な枠組みとして扱うことができるのか。経営判断が常に最善を選べるかという問いかけに、明確に答えることはできない。むしろ最初から「ベストな選択はできない」という結論を素直に受け入れるほうがよいだろう。

現実のビジネスには、1回きりの勝負はない。無限回数のゲームが繰り返される。つまり、1回きりの勝負には「ベストの選択」はあるが、繰り返されるゲームにおいて常に勝ち続けるという意味での「ベストの選択」などはないのだ。

ならば、ゲームオーバーになるような状況を避ければよい。ゲームオーバーになるのは、何度も判断ミスを重ねた場合である。何度も判断ミスをしないためには、1回判断ミスをした時点でミスを素直に認め、行動を修正することが重要になる。

逆にジリ貧になるのは、ミスを認めず、軌道修正を怠った場合だ。そうした企業はミスを重ね、やがて取り返しのつかない事態に陥る。最善の選択というものがあるならば、ミスしたときに速やかに軌道修正してベターな選択をすることだろう。

判断ミスを修正できなかった事例として、日本軍がガダルカナル島への戦力の逐次投入を行ったことは有名だ。先遣隊攻撃、第1・2次総攻撃と失敗を続けたのに、撤退判断は4カ月も遅れた。敵の過小評価と自軍の過大評価が原因だ。投入された3・2万人のうち撤退できたのは3分の1にすぎなかった。太平洋戦争の教訓として、「戦力の逐次投入」の愚は今も語り継がれている。

■理性を疑え

では、具体的に、判断ミスをすぐに修正できる判断力とはいったい何を指すのだろうか。

筆者は、組織内で多様な意見を認め合い、ひとつの判断を別の方向からも見直す能力を経営陣が持っていることだと考える。1回の判断ミスに固執しないために、「正論」を常に疑ってかかる習慣が有用である。もちろん組織では、集団合議制で決まったことに全員が従わなければ規律が保てない。合議の前には反対していた人でも、いったん決まれば一致した結論に従うのは当然だ。それでも、常にものごとを疑ってかかる発想が必要だ。

こうした考え方は、「懐疑主義」と呼ばれる。簡単にいえば、理性が誤ることを認めるのが懐疑主義である。

たとえば人は判断ミスをしたとき、そのミスを認めず、〝合理的な説明〟をそこに与えて説得力を持たせ、間違った判断を押し通そうとする傾向がある。本当はミスを認めたくない個人の情念に支配されているのだが、表面上は理性的な判断を装っているから始末に負えない。18世紀の偉大な思想家デビッド・ヒューム（1711～76）は「理性は情念の奴隷である」と喝破し、理性の下した判断が絶対に正しいという暗黙の了解を批判した。

とりわけ「俺たちは頭が良い」と自分で思っているメンバーだけで構成されたグループにはその傾向が強く出る。一見、合理性を前面に出して行動しているが、よくみてみると自分たちの利害に強く囚われていることが多い。特定のエリート集団が利益集団化し、常識が通用しない行動をするのも、情念に支配されているからだ。ヒュームは理性に至高の価値を置く合理主義者たちとは一線を画し、伝統や慣習をより重視する保守主義の源流とされている。

筆者は、理性や合理性でさえ間違うことに注意を払うことこそが、ベターな選択をするための現実的な考え方だとみている。未来は常に不確実性の雲のなかにある。そのつど正解が存在するように思えて、その実、誰も正解が決められない。だからこそ、次善の策として懐疑主義が有効なのだと考える。正しい判断をする能力は、懐疑主義に立脚することで養われる。これは企業の経営判断だけでなく、政治的判断や政策評価にも当てはまる。

■「コスト」、「投資」、「リスク」の重要性

本章では、生産性というものの正体を、基本的な定義式から捉え直そうとしてきた。ここで明らかにしたのは、「コスト」、「投資」、「リスク」の3つのファクターは、生産性の向上に大きな役割を果たしているという点である。

「生産性＝アウトプット／インプット」の公式は、企業活動をあまりに単純化してしまっており、生産性を考える上で欠くことができない3つのファクターを見落としている。

そこで、インプットのところをコストに入れ替え、管理会計の知識を使って考えると、

生産性を高めるカギとなるものは企業が採算性を高める活動全般に及んでいることがわかる。

もうひとつ、インプットの中には投資も隠れている。投資こそが生産性を引っ張っていく主役なのだ。明日への投資を考えて、そこに余力を投じる活動が少なすぎるように思う。本来、企業は常に新しい収益源を探すものだ。新事業を成功させるから生産性が高まる。多くの人が「需要がないから投資が増えない」と言うが、果たして私たち自身は需要の所在を摑むために全身全霊を傾けて試行錯誤（トライアル・アンド・エラー）を続けているだろうか。

最後に重要なのは、リスクだ。近年の日本企業は、長期不況の中で「負けぐせ」がついてしまっている。それはリスク許容力が低下した状態である。お金をかけて試行錯誤をすることに消極的になるから、投資が鈍化していく。そして、リスク感覚が働かなくなり、「何もしないことのリスク」にも鈍感になっている。

有益な情報は、現場に近いところに数多くある。経営者からはそれが見えにくい。現場にいる人たちは有益な情報を数多く持っているのに、経営者からそれを尋ねられる機会がないから黙っている。何とも残念な状態だ。そうしているうちに、現場のほうもチャンスに鈍感になっていく。本来はそうした情報をうまく経営者が吸い上げ、組織的に新規事業の推進の活動にまとめ上げていく対応が求められる。それが、知識の力を持つ者と組織の力を持つ者の間にある壁を取り払うということだ。中央集権よりも分権化を進め、経営と現場との意思疎通を図ることが、企業が投資を増やす力につながる。

　需要の所在が見えにくくなってきた現代だからこそ、有用な投資案件がどこにあるのかを探索して発見する能力に、もっと磨きをかけなくてはいけない。

第3章　「働き方改革」の錯覚

1 「働き方改革」は生産性を高めるか

■ネーミングの魔力

「働き方改革」は安倍政権の看板政策である。私たちの働き方を大胆に見直して、日本経済全体が生産性上昇の利益を享受しようというのが狙いである。

安倍政権の「新・3本の矢」を覚えている人は少なかろうが、働き方改革は間違いなく大ヒットだった。多くのビジネスマンがこの言葉に魅力を感じた。

「こんなに働いているのに、なぜ給料が思ったほど上がらないのか？」

「みんなが非効率だと思っているシステムなのに、なぜわが社は変革できないのか？」

……ほぼすべてのビジネスマンが、生産性を高めなくてはいけないと心のどこかで感じている。そんな彼らのハートに、働き方改革という言葉は刺さったのである。

もっとも、生産性を高めるという課題に対して、政府が推進する働き方改革がどの程度役に立つかは未知数だ。働き方改革は、政治の世界でアベノミクスの目玉づくりをしたいという要請のなかから生まれた。２００６年に第1次安倍政権でもホワイトカラー・エグゼンプション（脱時間給制度）の導入が進められたが、翌年には頓挫している。なんとしてもそれを復活させたいという執念めいたものが感じられる。働き方改革というネーミングには、ホワイトカラー・エグゼンプションという一度失敗しているイメージの悪さを隠そうという意図があると、意地悪な見方もできる。

筆者自身は、時間外労働に対価を支払わない方式を幅広い職種に適用することには大反対である。労働時間の縛りをなくすと長時間労働に自制が利かなくなり、身体的、精神的な疾患に悩む人が増える可能性が高いからだ。

一方、生産性の上昇を目指そうという基本的な目的には大賛成である。生産性が上がり、賃金が増えることが経済成長の基盤になるからだ。

働き方改革というネーミングの秀逸さには、その実質を糊塗してしまう魔力がある。本当に働き方改革は日本企業の生産性を高めるのだろうか。また、私たちがよりよく働くためには、具体的にどんな改革が実現されるべきなのだろうか。その部分こそが議論の核心でなければならない。

筆者は、現在の安倍政権が正しい働き方改革を推進しているのかと問われれば、「ＮＯ」

と答える。政策パッケージとしての働き方改革は、労働時間規制の縛りを弱めることが真の狙いとなっている。

安倍政権の狙いを知るためには、働き方改革とは何を指しているのかを吟味する必要がある。まず、働き方改革の3つの柱をみてみよう。

（1）同一労働同一賃金の遵守
（2）残業時間の上限規制
（3）裁量労働制の拡大・脱時間給

この3本柱をみて気付くのは、規制強化と規制緩和の両方向がある点だ。安倍政権の本心は（3）の規制緩和にあるが、長時間労働などへの批判があるので、同時に規制強化をアピールしていると筆者は考える。

■働き方改革のおかしな論理

（1）の同一労働同一賃金は、「同じ内容の仕事をしているのに、正規と非正規の違いに

労働時間規制を希薄化させようとする流れ

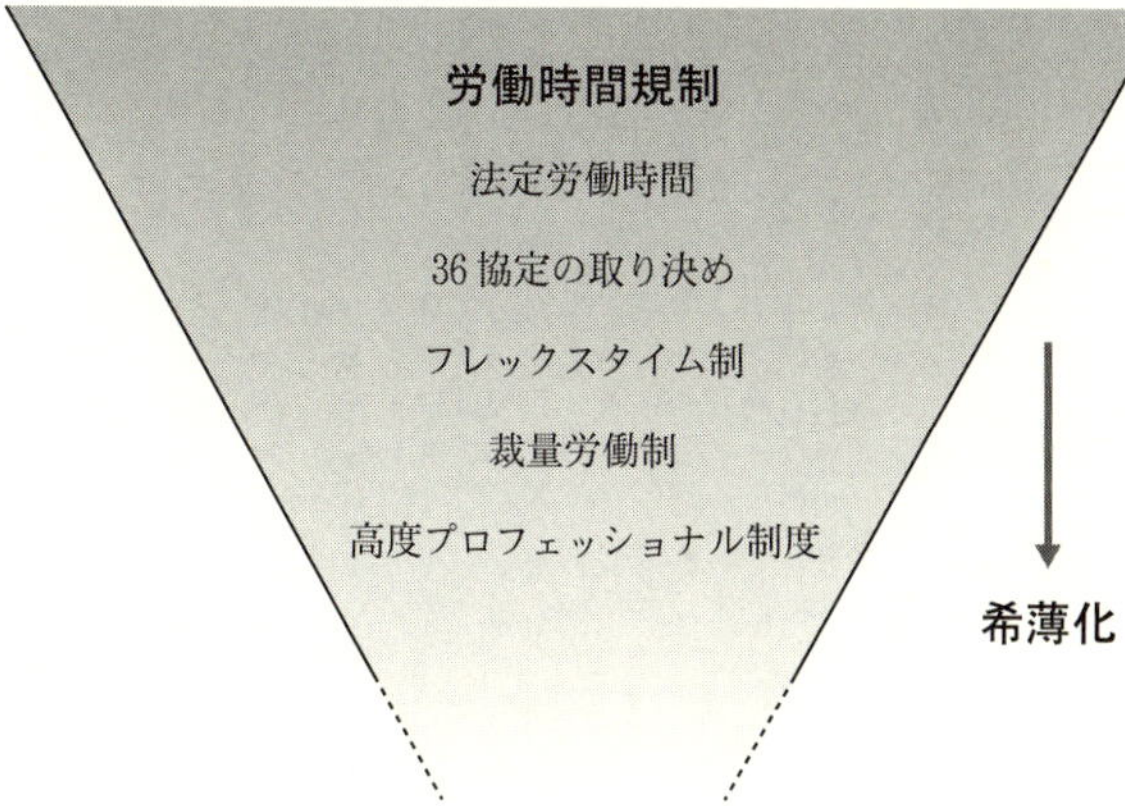

よって賃金格差が生じるのはおかしい」という批判から議論がはじまった。確かに同じ仕事内容で、雇用形態によって賃金に何倍も格差があるのはアンフェアである。

しかし、同一労働同一賃金は、生産性そのものとは少し離れた問題にみえる。

確かに、非定型労働では、同じ仕事でも差が生じることは起こり得る。たとえば営業職で成績に大きな差がある場合だ。つまり、成果を追求する仕事において差は生じる。

次に（2）の残業時間の上限規制はどうだろうか。労働基準法の法定労働時間は週40時間。働き方改革では、原則として残業時間は月45時間、年間360時間を上限としている。特別に事情がある場合、月100時間未満とする。しかも年6カ月・月平均80時間を上限とするというものだ。

長時間労働をなくすためには、生産性上昇が大切だ。でも、原因が変わらなくては、事態は変わらない。長時間労働は、1人当たりの仕事量が多すぎて捌ききれないことが原因である。「自分で工夫すれば長時間労働をなくせる」という前提は、どうも納得できない。

例えば、職場で同僚が退職したり病気で休んだりしたのに、人員補充がおこなわれずに放置されたまま、以前と同じ業務量を要求されている場合がある。また、有能な人材ばかりに仕事が集中してパンクしてしまう場合がある。これらは人員の適正配置に失敗していることが原因だ。マネジメントに問題がある。そこが未解決のまま規制で上限を縛っても、長時間労働は隠れてしまうだけだ。きっと、持ち帰りの仕事が増えるだろう。

こうした長時間労働は、非定型労働に従事する正社員に多い。相手先がある仕事では、そもそも自分の都合だけで短時間で労働を終わらせるのは無理がある。全員一律での時間節約は無理なので、管理職が人員配置を工夫し、過重労働を減らす措置をとるのが正しい。

残業時間の上限規制は、組織全体に1人当たり生産性を高めるプレッシャーをつくることは間違いない。だが、罰則や規制を強化することで、本当に実効性が上がるだろうか。むしろ問題を水面下に隠して、本質的課題の解決を先送りする懸念がぬぐえない。

■「個人の工夫で生産性を上げろ」という前提

同じことは（3）の裁量労働制の拡大・脱時間給についてもいえる。働き方のかたちを変えれば、あとは個人の創意工夫によって生産性が上がるという前提が隠れている。しかも、裁量労働制が本当に実効性をもつのかは曖昧である。

裁量労働制は、定時という概念（たとえば9～17時）をなくす。1日のうち7時から22時の時間枠のなかで、8時間働いたとみなす。たとえば時間枠のなかで、途中、子どもの送り迎えに2時間使ってもよい。そこをフレキシブルにできる。

裁量労働よりさらに労働時間規制を緩くした脱時間給では、労働時間の多寡にかかわらず、支払われる賃金は成果に基づき決まる。時間内に成果が上がらなければ、賃金は増えない。成果と賃金は直結している。成果で賃金が決まるから、労働時間もフレキシブルでかまわない。労働時間は成果によって決まるという考え方である。

2007年にホワイトカラー・エグゼンプションの導入に失敗した第1次安倍政権は、「高度プロフェッショナル制度」（高プロ制度）と呼んで、この脱時間給の仕組みを導入しようとした。労働基準法では、法定労働時間を越えて労働者に働いてもらうとき、割増賃金を支払うことが義務になる。だが高プロに指定されると、この規制から除外されるのだ。裁量労働では、8時間のみなし労働時間が設定され、時間外の概念は存在するのだが、高プロ制度にはそれがない。労働時間規制が野放しに近い危うさがある。

そうした点もあり、高プロは金融商品の開発、株式・債券のディーラー、アナリスト、コンサルタント、研究開発の高度な専門性が要求される5業務に限り、かつ年収1075万円以上に限定されるという。

だが、金融業界でアナリストと呼ばれる人達について、業界の年鑑でその人数を調べると1000人にも満たない。ディーラー、コンサルタントもどう多く見積もっても数千人だろう。わずか数千人のために、高度プロフェッショナル制度を導入して、労働基準法の例外をつくろうというのは合理的ではない。

高プロ制度は、19年4月にスタートするが、具体的な業務は省令で決まり、現時点（19年1月）では決まっていない。今後、5業務以外に対象が広がる可能性は十分にある。省令は国会の審議なしに変更できる。蟻の一穴を開けて、アナリストなど以外にも対象を広げていこうという政策当局者の意図が透けて見える。

■やっぱり成果主義ではないか

見逃せないのは、脱時間給が成果主義を前提にしている点だ。労働時間に無関係に働くことが良いことだと言い切れるのか。常識的に考えて、収入を増やしたい人は長時間働いて所得をめいっぱい増やすほうを選ぶだろう。一方、収入はほどほどでかまわないから働く時間を短くしたいという人はあまり多くないように思う。結局、子育てなどの事情があって短く働かざるを得ない人が、脱時間給を選択したいという状況になってしまうだろう。

何より、脱時間給で成果を最大限にできる人は、もともと生産性が高い人に限られる。

ここでも、残業時間の上限規制とまったく同じように、働き方の生産性を高めることを通じてしか、1日の労働時間を短くすることはできないことがわかる。

脱時間給で短時間労働を実現するには、いくつもの条件をクリアする必要がある。条件の第1は、職業の性格が労働時間に関係なく高い成果が得られるものであることだ。技能職・専門職はそれに該当しやすい。第2に、長時間労働を自制して短時間で仕事をやり遂げるための創意工夫をできる人であることだ。筆者がみる限り、長時間労働を自制できない人は、どの職場にも必ずいる。企業側が強く指導するか、もしくは脱時間給をあてはめないかのいずれかでしか防止することはできないだろう。

脱時間給の正当性を考えはじめると、その正体は成果主義だとわかってくる。さらに、成果主義にすれば生産性上昇がもたらされるという論に、いくつも疑問が湧いてくる。

本当に課題とすべきことは、働き方ではなく、いかに仕事の生産性を高めていくかという点にある。技能やアイデア次第で短時間で生産性を高められそうな職業だけを選別して、「脱時間給を適用できるでしょ」と労働時間規制の突破口をつくろうとするのは、いかにも政治的手法だ。

労働問題として、成果主義は2000年代に徹底的に批判された歴史がある。そして今、成果主義は「脱時間給」などと看板を掛け替えて、政治主導でふたたび登場したのだ。

■中長期的な利益追求には向かない成果主義

２０００年代の反省をふまえると、成果主義にはいくつかの弱点が明らかになっている。成果主義は、個人単位で業績を正確にカウントできることを前提にしている。また、その個人をサポートしているスタッフの貢献度も数値化できることが前提になる。

いうまでもないが、仕事の成果は1人ひとりが稼ぎだしたように見えても、誰かしらの協力やバックアップがある。例えば仕事のトラブルが起きたときは、上司が交渉してトラブルを調停する。平時はトラブルが起きないため、そうした潜在コストを上司がシェアしていることは成果にカウントされにくい。成果主義は見かけ上、個に分解不可能な成果を無理やり個人の成果にカウントして、相応の報酬を与えているに過ぎない。結局、成果の配分や他人の成果への貢献を測定することが難しい事例が増えて、成果主義の運用は躓いたのである。

もうひとつの問題は、個人の成果を追求する姿勢が、企業の業績に本当に寄与するのかという点だ。しばしば問題視されるのは、短期的かつ刹那的な利益追求志向に陥る弊害だ。

自分ひとりの功名心や目先の利益に血眼になって無茶な営業をしたり、モラルに反する行為をおこなっていた企業が、しばしば事件を起こしている。

顧客のために尽くすことは、仕事の手間を増やし、短期的には効率を落とすことになる。だが、信頼と安定的な受注という成果をあとから享受できる。顧客を最優先するというミッションは、中長期的な利益を重視する企業の姿勢を反映している。成果主義はそういう要請に応えにくいシステムである。

そして最大の問題は、成果主義を謳っているにもかかわらず、成果が正しく分配されないことである。00年代、いくつかの企業ではまず総人件費を削り、その小さくしたパイを成果に応じて社員に配分していた。成果主義の旗を掲げて、実際は人件費カットを進めていたのである。それに気付いた社員たちのモチベーションは上がるはずもない。

1990年代後半から企業の労働分配率は、低下傾向を辿っている。リーマンショック後も、いったんは急上昇したが再び低下が進んでいる。人件費は固定費の大方を占めており、企業が収益重視の姿勢を強めるほどにその節約圧力がかかりやすい。ゆえに、せっかく増えた成果も人件費には回らず、営業利益に回されるのである。

ちなみに、ウォール街の証券会社の17年のボーナス支給額は、平均18万4220ドル

（1ドル＝105円換算で1934万円）と法外な金額だ。これは利益の一定割合を社員のボーナスに分配する仕組みだからである。こんなことは、日本では絶対に起こらない。00年代の成果主義の失敗は、（1）成果の測定が個人単位でうまくできなかったこと、（2）短期的利益追求によって中長期の利益追求がおろそかになったこと、（3）成果の分配が手厚くなるのではなく、人件費削減の口実に掲げられたことの3点が、おもな要因に挙げられる。

■錯覚させる「働き方改革」

2010年代に入って、日本経済は十数年前に比べてどの程度、雇用システムが変化したといえるだろうか。少なくとも、成果主義の失敗の理由として挙げられた点は、ほぼ手付かずのままである。繰り返すが、これを脱時間給などと名前を変えたところで、成果主義の仕組みがうまく機能するとは考えにくい。

「働き方改革」というスローガンには、「私たちの」という主語が隠れているように思う。だが、改革すべきは、私たちの働き方なのか。この言葉には、暗黙のうちに「私たち」が問題なのだと人々に錯覚させる仕掛けが隠れているようだ。

問題の本質は、個人ベースの成果を追求することではない。組織単位でいかに生産性を高めるかという方法である。

組織の生産性を高めるために何が必要かを考えるのが先で、それに合わせて個人の働き方も変えていくのが本筋だ。決して「個人の働き方を変えれば、組織の生産性がなんとなく高まるのだろう」などと楽観的に考えてはならない。我々が能動的に考えるべき問題は、組織全体の何をどう動かせば、成果の上がるメンバーが仕事に資源・エネルギーを集中させられるのか、そして生産性が上がるのかを自分なりに構想することである。自分と組織の関係をどう改革していくのかというデザインを描いてみることが重要である。

■成果主義でも個人単位ではない「アメーバ経営」

京セラ創業者・稲盛和夫が提唱した「アメーバ経営」という手法がある。会社を小さなユニット・オペレーション（アメーバ）の集合体にすれば、経営者は各ユニットから上がってくる採算状況をみて、会社の実態を把握できる。各ユニットは、部門別採算を弾き出す。

ここで稲盛が指摘するのは、「最小単位の組織であるアメーバがビジネスとして完結する単位になっていること」という条件である。成果主義的なことをするにしても、生産性を測る単位を個人ではなくアメーバとしたわけである。組織をあまり細分化すると、社内で調和をとるべき機能がばらばらになってしまうという。稲盛は「アメーバ組織をどのようにつくっていくかということは、アメーバ経営の始まりであり、終わりである」とも語る。

サラリーマンの場合、誰でも職務権限が決められている。カタカナで言えば、ジョブ・ディスクリプション（記述書）である。日本企業では、ジョブ・ディスクリプションが明確ではないと批判されることが多い。しかし、記述書はなくても厳然として権限の区分は存在する。日本企業の良いところは、ジョブ型ではなく、メンバーシップ型であり、メンバーが互いに手薄な領域を能動的にカバーするところだ。これは、メンバーが組織全体の運営が円滑になるように考えたうえで、自分がどう動いたら良いかを判断しているから可能になる。権限が決まっていても、頭の中は全体を考えながら動くことができる。このメリットを敢えて殺す必要はない。

日本企業では、成果主義を適用されていても、メンバーシップ型の働き方を企業からは強く要請される。生産性を高めよと言われて、「ただし、自分の権限の範囲内だけで動け」と条件を課されるのは、おかしなことだ。日本型雇用の長所は、メンバーシップ型で自分の権限にかかわらずに全体を考えられることである。その長所を活かすことを考えるべきだ。

もっとも、メンバーシップ型には弊害もある。例えば、自分だけ早帰りしにくいというウエットな雰囲気がつくられることがある。また、残業をしてまで仲間の手伝いをしてしまうこともある。

長時間労働の規制は、日本企業がメンバーシップ型だからこそ、必要とされるのだろう。これは、生産性向上とは別に、弊害防止管理の意味がある。メンバーシップ型では、「規制があるから残業は止めてください」とリーダーが言いやすくなるからだ。

■長時間労働が起こりやすい理由

長時間労働が起こりやすいのは、企業側の誘因もある。

財務分析の視点からみると、企業にとって人件費という固定費負担が、労働時間を長くするほどに低減するからだ。第2章で、固定費負担を下げるには、売上数量を増やす対応があると述べた（104ページ参照）。

時間外労働は割増賃金となるため、企業のコスト増になると思っている人は多い。しかし、財務分析の視点からみると、企業は多少の割増賃金を支払ってでも、労働者を長く働かせて売上げを増やすほうが、利益上積みのために有効になる。実際、労働時間規制が存在しない世界では、歯止めの利かない長時間労働が起こってしまう。19世紀の産業革命のイギリスで長時間労働が強いられたことは有名だ。

現代の経営者は、労働時間規制をルーズにし過ぎると、労働者の健康を破壊することを知っている。だから、弊害防止のために、労働時間規制はある程度必要だと考えている。その一方で、業績を稼ぎ出す社員には、さらなる成果を出してほしいという誘惑もある。その誘惑が、労働時間規制の緩和へと駆り立てているのだろう。

労働時間規制の緩和にも様々なレベルがある。最も基本的なのが、法定労働時間である。それが36（サブロク）協定の締結による制限緩和、フレックスタイムの導入、裁量労働制、というメニューへと拡大してきた。

生産性上昇の旗を経営者が従業員と一緒になって振っているのは歓迎できるとしても、それが行き過ぎて長時間労働を誘発しやすいことには厳しい目を向けておく必要がある。

2　生産性上昇は個人任せでよいのか

■経費削減したまま生産性向上を求めようとする愚

繰り返すが、近年の生産性向上に関する議論で違和感があるのは、もっぱら「個人の創意工夫や努力」といった個人単位のオペレーションに期待する傾向が強いことである。

歴史的にみると、企業とは、集団で協業することによって、個人仕事では実現できない高い生産性と利潤を追求するために生まれたものである。それなのに現代日本では、企業の目指す生産性上昇が個人のオペレーション任せになっている。

一方で、企業は以前からの経費削減の方針はほとんど見直さないで、生産性上昇だといっている。投資をしないで生産性を上げられるという発想は、あまりに虫が良すぎる。

生産性を高めるときに、予算的バックアップ、人材補充は必要不可欠である。そうした正論は遠ざけられ、あらかじめ決まった予算制約のなかで現状人員がなんとかすることを求められる。組織の真実のミッションは生産性上昇ではなく、割り当てられた予算を守ることになってしまっているのではないかとすら感じられる。予算統制を最優先する論は、疑ってかかったほうがよい。

これが長い間の既定路線となって、もはや誰も「何かおかしい」と口に出せない空気ができあがってしまっている。予算面でがんじがらめにされた条件下でチームを回すことがリーダーに求められる。本来なら、与えられた条件を変えてでも成果を最大化するのがビジネスの手腕というものだが、いつしかそうした発想力は奪われていく。

生産性を高めるためには、「儲かるための仕組みづくり」が一番大切なのだという見解は、経営学の教科書には頻出する。しかし、そんな仕組みを考え出せる人は普通の組織にはそうそういない。本来ならば時間をかけて「人づくり」をするしかないのだ。

実際、そんな長期的な視点をもった経営者もまた、なかなかいない。そこで、「個人個人ができる範囲で努力しろ」という行動を選択してしまう。それは「儲かる仕組み」とはまったく異なる発想である。成長が止まってしまった世界で、私たちは「生産性を高める」という名目で、いびつな格好をした別の成長を求められているのだ。

■アイデアがないから経費削減

予算管理したがる経営者のマインドも、根っこの部分は同じである。

ある企業が収益重視を強く標榜しているが、収益獲得の具体的なアイデアが見当たらないとしよう。すると、その経営者は、目先の経費削減に血道を上げるようになる。

本来ならば現状の仕組みをブレイクスルーするアイデアを組織のなかから生み出さなければいけないのだが、それがなかなかできない。そこで、誰もがわかりやすい経費削減へと走ってしまうのである。

だが、これは愚の骨頂である。社員の求心力をそんなところに向けてはいけないのだ。コピー用紙1枚、ボールペン1本の支出を惜しむよりも、無駄な仕事にエネルギーを費やす人がいなくなるほうが、人件費が減ってはるかに収益にプラスである。「あの人はもっと売上げや成果に貢献するセンスを身につければよいのに」と思うことは、よくある。

経費削減としてよく見受けられる企業の活動事例には次のようなものがある。

- ・例外なき経費10%削減
- ・交通費、交際費、広告費のいわゆる3Kを本社管理で削減する
- ・ペーパーレスを原則にしてコピー用紙を節約

・照明をLEDに切り替えて電気代を削減
・外部委託料や保守管理料を5％カットすべく外部業者を叩く

だが、はたしてこんなことがどれほど有効なのかと首を捻りたくなることもある。たとえばタクシー利用を禁止して、タクシーなら5分で済むところを地下鉄で30分かけるのは、時間の無駄に思える。微々たる経費削減よりも重要なことは山ほどあるはずだ。

経費削減のみならず、会議や打ち合わせの時間をごく短くしようという傾向も見られる。この手の時間節約も流行しているのだ。しかし、これも「何のために時間を節約するのか」、「浮いた時間をどこに投じるのか」が本質的な問題である。時間節約をしたいのならば、アウトプットを生み出すまでのプロセスを一気通貫でスピーディにすべきである。

究極の時間節約は、中国の代表的プラットフォーム企業になった騰訊控股（テンセント）の創業者・馬化騰のスピード重視の姿勢である。ある商品開発では、朝4時半に馬化騰がメールで意見をフィードバックして、10時にCEOが、10時半に副社長が意見を述べて、12時頃には本部長クラスが検討結果を出す。15時には企画書が出来上がり、22時には商品マネージャーにより商品開発計画およびリリース時期が報告される。この商品開発のプロセスは、わずか18時間で完了したという。

会議で決めた計画をどのくらい効率的に実行するかが問題なのだ。作業工程のパーツである会議時間だけを短くしても、組織運営は効率化されにくい。

■だから「金あまり」になる

日本企業の「金あまり」が批判されている。2017年度末、日本企業の現金・預金残高は222兆円と過去最高益を記録した。しかし、企業は賃金も設備投資も増やさずにキャッシュを溜め込んでいる。大企業のみならず中小企業でも13年頃から年間のキャッシュ増加幅が拡大してきた。組織の大小を問わずどこも金あまり病なのだ。

しかし、ニュースを見聞きしているだけでは、どうして金あまりなのかがわからない。その理由は、経費削減の慣性力が組織全体に蔓延しやすいからだ。支出拡大にブレーキを踏んでいるのは、誰か特定の人ではなく、組織の習慣によるものだ。この習慣を変える流れができなくては、賃金や投資は増えていかない。

本当は、生産性を高めるために、設備や従業員教育へ投資すべきなのに、経費削減が先立ってしまう。その結果、生産性は低いままであり、さらなる経費削減に血道を上げることになる。経費削減の負のスパイラルである。

この問題意識は、少しずつ経営者にも共有されてきている。筆者のこうした見解を中小企業経営者たちに伝えると、「自分たちが業績を上げた2000年代のデフレ期は、社内の予算を切り詰めることで成果を出した。これが成功体験になってしまっている。そうした成功体験をもった私たちに、いざお金を使えと言われても困ってしまう」と正直に話してくれる人が多くいる。

中小企業の経営者たちは、本心では収益性向上につながる投資をしたがっている。その背景には、第2章で言及したように、企業の資本ストックは何にも投資しなければ減価していき、生産性も低下していくことを心の奥底で直感しているからだ。

「何か有効な投資をしたい。でも、投資をする代わりに、手元資金が目減りするのは怖い」

そうした葛藤が、経営者の心の奥底で渦巻いているのだ。

3 「目線」を高くもて

■「目線」の高さが生産性アップにつながる

安倍政権は「働き方改革」に続けて「人づくり革命」を打ち出している。仰々しい名前であるが、その主な中身はなんと幼児教育と高等教育の無償化でしかない。いったいどこが「人づくり」なのかと考え込んでしまう。財政資金をばらまくため、仰々しいネーミングを用いて求心力を高めようとしているようにしか思えない。

そうした政治的思惑とは離れて、本当の「人づくり」とはいったい何なのか？

筆者は、ものごとを考えるときに高い目線を持ちうる人材を育てることが、「人づくり」の要諦だとみている。多くの企業が求めている人材とは、高い目線を備えていて、組織の自己革新を実行できる人だと考えられる。

＊

たとえばある日、あなたが会社の社長室に呼ばれて、直々にこう相談されたとしよう。

「予算1億円で、収益の上がる新事業を立ち上げたいが、どんなアイデアがあるか?」

この問いに即座に回答できる人はごく少ないだろう。筆者も答えに窮してしまう。今まで大きな予算を使って事業を始めることなど考えたことがないからだ。

新しいアイデアを提案するには、それなりに準備をしていなくては責任ある発言はできない。とくに新規事業や投資などの重大案件は、日頃から考えを練っておかなくては、ここぞというときに当意即妙の受け答えができない。発想力とは、経験、訓練、習慣なしには生まれてこないのだ。

筆者はここで「目線」というファクターを強調したい。今、自分が携わっている仕事の利害を離れ、自分の立場を変えて考えてみる。自分が部長、役員、社長など強い権限をもつ地位の人物になったつもりで大局的に思考してみる。それが「高い目線」でみることである。その対極にあるのは「近視眼」的な思考である。大局観がなく、目先の利益しか追わないことを指す。

「目線の高さが生産性の上昇とどう関係あるのだ?」といぶかしく思う人もいるだろう。

じつは、目線の高さはあらゆる経営活動と密接な関係がある。たとえば、目線の低いリーダーが着想する生産性上昇のプランは、非常に狭い範囲のデザインとなるため、限定的な成果しか生まないだろう。逆に、目線の高いリーダーは大きなデザインを描くことができるため、目指す成果も大きなものとなる。

巷間、「ベンチャー育成」という掛け声を聞く。普通の中小企業とベンチャーの決定的な差異は、高い目線をもってユニークな着想をしているかどうかである。人は自分が独創的だと思っていなければ、絶対に独創的ではあり得ない。人々はそうした高い目線をもった起業家にあこがれて、特別にベンチャーと呼んでいるのだ。

■経営をやっているつもりで「管理」しかしていない経営陣

企業が望む「人づくり」とは、事業の主軸になって活躍してもらえる人物を育てるという意味である。そこにおいて期待されているのは、現在よりも将来における活躍である。企業の経営を任せられて、将来の事業価値を高めるイメージを自分の力で思い描くことのできる人である。

人づくりは、サラリーマンの場合、その人に与えられたポストをこなす中でなされるものだ。キャリア形成のなかで視野が広がり、その人の発想力も長い期間をかけて養成される。部長、執行役員、常務取締役、代表取締役と上位ポストに就いて経験を重ねる中で、それらしい目線と風格を備えていくのだ。

ある大手製造業のベテラン経営者が口すっぱく語っていたのは、「経営と管理は違う」という点だ。役員に登用された人が、経営をやっているつもりが、いつの間にか管理的な仕事しかしていないことがよくある。身体に染みついた管理職の目線から抜け出せずにいる姿を叱ったものである。

こうした傾向は、経営陣だけのものではない。日本企業は不況を長く経験してきたせいで、多くの社員が「厳しく管理されるのが当たり前」という風になってしまった。そのため、おのずと目線も低くなってしまっている。だから、いざ新規事業の開拓や生産性上昇のアイデアを求められても、小ぢんまりとしたものしか出てこない。

昔の経営者には度量の大きな人物が多くいた。教養豊かな文化人で、博覧強記の人も珍しくなかった。人間的な魅力に溢れ、言葉に説得力があり、多くの社員に尊敬されていた。彼らには圧倒的な威厳があり、面と向かうと無言の圧力を感じた。大きな存在だった。筆者も若い頃、そうした偉大な先人たちの薫陶を受けて、広い視野でものごとを考える必要性を胸に刻んできた。

しかし、現在の経営者にこうした大人物はいない。経営者だけではなく、政治家や官僚、学者の世界を見渡しても、同じような変化が起きている。

昔のトップたちが醸し出していた重厚な雰囲気は、おそらくは組織に余裕があった時代に本業以外の様々な活動を通じて身につけられたものだったのだろう。余裕が失われていく中で、そうした人物も消えていった。

現代を生きる私たちは、昔の大人物たちが持っていた目線の高さを再び取り戻したい。そして、未来の展望をもっと前向きに語る精神的な余裕も持ちたいものだ。

■社員の経験値を上げる

では、具体的にはどのようにして働く人の目線を高くすればよいのか。いくつかの企業では、人材育成の手法が長い伝統となっている。

あるジュエリー（宝飾品）企業は、中堅社員にはあえて高い給与を与えて贅沢をさせることを心掛けているという。これは、「お客さんになってくださる富裕層の心理をよく理解するため」だと、同社の経営幹部は筆者に話してくれた。

あるホテルでは、東京に進出ラッシュの外資系高級ホテルに対抗するため、マニュアルには書いていない心配りをもっと高めようという方向性を目指している。そこで、接客スタッフを外資系ホテルに宿泊させ、おもてなしの力量を自分の頭で考える訓練をさせている。接客スタッフの目線を鍛えることがそのホテルの競争力を高めることになると考えているからだ。

人づくりとは、様々な経験を働き手にさせることで、視野を広げ、自分の判断力で仕事を仕切っていく能力を培うことである。生産性の上昇は、中堅・ベテラン社員の目線の高さと視野の広さという下地があってこそ、実現されるものなのだ。

■「損して得する」人づくり発想の転換

一方で、「人づくりが会社まかせであってよいのか？」という問題はある。企業は、かつてのように若手に一律に手厚い教育をしなくなっている。経験を積むことのできる優良なポストは少なくなって、誰にでも手が届くものではなくなっている。

そうした厳しい環境のなかで、責任のある仕事を任されるにはどうすればよいのか？

それは、若いときから人が嫌がる面倒な仕事に自分から手を挙げることだ。

社内の花形部署へ行けば、出世のエスカレーターに乗れると考えてはいけない。そもそも、ほんの一握りの人しか就けないポストをめぐる社内競争に参加するのは、本当に非効率なことだ。

参考になるのは、元首相の竹下登（1924〜2000）の出世物語である。

竹下は27歳で島根県議会議員となったが、当選後しばらくの間、地味な仕事に徹した。委員長や代表質問といった目立った役回りはせず、その名誉は他の年長議員たちに譲った。年長議員たちが何か面倒な仕事を頼んでくれれば全部引き受けた。そのうち年長議員たちの間で「竹下君に聞けばわかる」という評判が立つようになった。

じつは竹下は、いずれ国会議員になることを狙っていた。そのため、県議会議員として手柄を立てることは考えずに、名誉は他人に渡していたのだ。まもなく地元選出の元国会議員が亡くなると、竹下はその地盤を継承すべく動き出す。そして国政選挙に打って出た竹下は、県議会議員らの応援もあり、圧倒的な強さで当選を果たしたのである。

「汗は自分でかきましょう。手柄は他人《ひと》にあげましょう」

これは生前の竹下の口癖である。

若いときは、他人が嫌がる仕事に自分から手を挙げればよい。そのときは苦しいけれど、必ず自分の糧になる。そして、のちのち責任ある仕事を任されるようになる。社内の花形部署へ行けば有利になると考えてはいけない。

最近の若い学生の多くが「キャリア形成」を重視していると聞く。しかし、絵に描いたような華々しい経歴を歩むことなど、ほとんどフィクションの世界にしかない。履歴書はピカピカであっても、本人と話をしてみると、じつは強い劣等感を抱いていたり、卑屈な人であったりするケースが意外に多い。これは筆者の実感だ。

今や、肩書や経歴だけで尊重してくれる時代ではない。抜身の刀がどれだけの切れ味を見せるかが勝負だ。劣等感などもたず、仕事に打ち込む人のほうが、より成長が見込める。

4 「忠誠心」と「やる気」の正体

■戦争で追い込まれて生産性が向上

本章では、働き方改革なるものを実行しても、生産性上昇は得られそうにないことを説明してきた。政府が提示する方法で個人の働き方をいくら変えても、それは生産性上昇には直接つながらないのである。

ここで少し議論をひっくり返して、生産性を上昇させるような「働き方」は存在するのかを考えたい。

じつは、ごく限られた局面において、生産性が急上昇する働き方は実現する。それは人々が非常事態に直面したときである。

ドラッカーが、第2次世界大戦直後の1945年に著した『企業とは何か』（ダイヤモンド社）には、第2次大戦中に起きた次のようなエピソードが紹介されている。

戦争が始まると、自動車メーカーのゼネラルモーターズ（GM）は、数多くの未経験者を迎えて大量生産をこなさなくてはならなくなった。GMは作業の難易度や精度を未経験者でも扱えるように工夫した。部品を標準化して、作業を統合し、部品の適時供給をおこなうというコンセプトで体制を見直した。すると、この変革は成功し、以前は大量生産には馴染まないと考えられていた製品までが大量生産できるようになった。

陸軍から委託された機器の生産現場でも、大きな変化があった。従業員らは自分がいまやっている仕事が戦争に直接関係していることを理解し、大いに士気が上がったという。もともとは定着率の低さと欠勤の多さで悪名高い工場であったが、従業員が何のために仕事をおこなっているかを理解したとき、成果は大幅な改善をみたという。ドラッカーは「自分たちで作成した作業工程の生産性が、時間動作分析による作業工程のそれを上回った」と述べている。

戦時下のGMでは、44年の1年間で、従業員40万人から11万5000件もの書面による提案がおこなわれた。この数は、戦時下の意識の高揚と戦時生産の絶えざる変化を考慮しても驚くべきものだった。ドラッカーは「提案数の多さは、彼ら平の工員たちが学ぶことを欲し、何らかの役割を果たすことを望んでいることを示していた」と述べる。

これらのエピソードは、働く者の連帯意識を味方につけたとき、生産性が飛躍的に上昇することを訴えている。

■危機で発揮される「集中力」

これと同様の話が経済学者ジョセフ・スティグリッツの著書『スティグリッツのラーニング・ソサイエティ』（東洋経済新報社）にも登場する。

1989年、米国の国際電話会社ニューヨーク・テレフォン社とニューイングランド・テレフォン社で大規模なストライキが発生し、従業員8万人のうち5万7000人がストに入った。

このとき、残りの約2万人の管理職が1週間、仕事を肩代わりする羽目になった。すると、この1週間、管理職だけで仕事は回せたのだ。そのため2週目は管理職の半分が元の仕事に戻され、残りの半分だけでスト分の仕事を回した。ストライキという緊張の下で、平時の3倍以上もの生産性が実現したことになる。この事例からスティグリッツは、普段は活用されていない潜在生産能力と平時の生産性との間には大きなギャップがあると指摘する。

では、いったい何が潜在生産能力を引き出しているのだろうか。戦時下ならば「愛国心」なのか。それはおそらく違うだろう。　愛国心や愛社精神はそれほど万能ではないし、平時でも愛国心を強くもつ人は多くいる。

「火事場の馬鹿力」と呼ばれる現象がある。あとから考えると、どうしてそれほど大きな力を発揮したのか不思議に思える経験は誰しもあるだろう。人間は危機を悟ったとき、平時とは違ったスイッチが脳に入って、フィジカルの限界を軽々と超えることができる。

ドラッカーの言葉で表現すれば、「集中力」である。危機を乗り切ろうとする意識が働いて、特異な集中力が目覚める。

自分の身に危険が迫ったとき、戦争が起きたとき、ストライキや災害で平時の機能が停止したとき、チームや個人は問題解決のために頭脳をフル回転させる。この覚醒を自在に操ることができれば、組織・チームの生産性は驚くべき飛躍を遂げるはずだ。

だが、果たしてそのメカニズムを再現できるのだろうか。

■危機が献身を生み、献身は保身に勝る

危機に瀕したときになぜ凄まじい集中力が生じるのか。

筆者は危機が「献身」を生むためだと考える。

とりわけチームの仕事の場合、平時はさまざまなしがらみがある。無意識にある保身の気持ちが、他人に対する最大限の協力を阻害している。

「あんなやつのために働きたくない」、「仕事はテキトーにこなして、さっさと自分の余暇を楽しみたい」、「俺の情報は別部署にとって有益になるけれど、自分の手柄にはならないから黙っていよう」……こう思うことは、誰にでもあるだろう。もしかしたら、あなた自身にも。

しかし、危機に直面すると、無意識にある保身の本能が抑えられ、献身の感情が生まれる。献身は保身の反対語だ。チームのメンバーが揃って柔軟に仕事のやり方を変えることにためらいを感じにくくなる。

組織全体に何も指示しなくても、危機を乗り切るためのミッション（使命）が共有され、チーム全体で確認した対応策に一致協力する。組織を構成する結晶のすべての向きがひとつの方向に揃うことは滅多にない。貨幣的な報酬とは離れた、非貨幣的な意欲に基づいている。これがドラッカーの「集中力」の正体だろう。

■成果主義の限界

非常時に組織のメンバーたちが集中することが、なぜそれだけ大きな成果になるのか。その問いは、成果主義に何が足りないのかを教えてくれる。

メンバーが何のために集中するかと言えば、それは目的である。目的の達成のために自ら進んで役割に服する。献身とは、個人の利益ではなく、チーム全体の目的の達成を最優先して力を尽くすことである。一方、成果主義は個人の利益の最大化を念頭においたシステムである。それゆえ、集中力が発揮されて生産性が高まるということはそもそも期待できないのである。

人間の感情は、価値のある目的に貢献できることに至上の喜びを覚えることがある。そこでの価値とは、自分以外の多くの人たちの幸福を増すことへの喜びである。自分は、万人の幸福を増す目的に沿って、決められた役割に服しているという感覚がそこには生じる。

サン・テグジュペリは「船をつくろうとするなら、男たちに木材を集めさせたり、仕事や労働を割り当てて命令するなりするのではなく、代わりに果てしなく広大な海への憧憬を伝えるといい」と記している。

■献身を悪用している「ブラック企業」

ただし、役割に服するとは、上司からの命令に無批判に従うことではない。自分の力を最大限に引き出せるよう、自発的に考えながら任務に当たることがポイントである。

そもそも「忠誠心」とは、自分が考えている規範に従うということであり、誰かが押しつけるものではない。国家や組織、ひとりの人物の意向に無批判に従うという姿勢のことを言っているのではないと筆者は理解している。

スペインの建築家アントニオ・ガウディは、サグラダ・ファミリアを建築しているとき、スタッフの石工たちに模型を見せて、「石でこんなものをつくれないか」と提案したという。造形のプロである職人は、あのガウディから直接「こんなものをつくれないか」と語りかけられると、自分たちの技術でつくってみせなければ気が済まなくなる。

職人たちの心を摑んだガウディは、職人たちに100%以上の仕事をさせた。サグラダ・ファミリアには、紙の図面がないと言われる。驚きである。その理由は、ガウディが職人の想像力を重視して図面を用いずに、模型を使っていたからである。

私たちは、自分の仕事に最高の価値を見出しているだろうか。自分が忠誠を誓っているのは、上司でも給与でもなく、職業そのものであると感じているだろうか。

生産性の核心部分はそこにあるのだと筆者は考える。

ひとつ釘を刺しておきたいのは、献身の力が悪用されて、ひたすら会社への自己犠牲を強いる企業があることである。これは一部の「ブラック企業」でよくみられる光景だ。

経営者がメンバーに献身を過度に要求し始めたなら、これは危険なシグナルである。献身とは会社が要求することではない。あくまで自発的なものだ。高い職業意識と連帯感に根ざすものである。

誤った献身が組織のなかに染みついてしまうと、過密労働が恒常化し、従業員の精神や身体を蝕んでしまう。その弊害には目を光らせる必要がある。

■利他的活動に力を尽くせ

本書で繰り返し述べてきたことだが、個人の生産性を最大化しても、必ずしも組織全体の生産性を最大化することにはならない。組織活動は協働作業だ。独立した個業の集合体ではない。協業は、個々人がそれぞれに役割をもっていて、その連携が成果を引き出していく。個人が決められた役割に沿ってこそ、組織は能力を発揮できる。

注意したいのは、分担された役割のなかに、集団のほかのメンバーに対する利他的活動があることだ。その利他的活動が、ほかのメンバーの成果を高めるのだ。

筆者は、生産性のことを調査するうちに、成果主義的な仕事ではないバックオフィスの人々も、「生産性上昇のために貢献したい」という気持ちをもっていることを知るようになった。総務・庶務事務などの職種で完全な固定給であり、昇進・昇給ともあまり関係ない職種の人のなかにもそうした希望をもつ人が多くいた。

バックオフィスの仕事は、利他的な活動の要素が強い。営業の人が働きやすいように事務をサポートする。給与計算や福利厚生の事務を分担し、日常に支障が起きないことを目指している。

固定給の人たちには、給与という貨幣的報酬よりも、非貨幣的報酬のほうが重要である。平たくいえば「やりがい」を感じてもらうための非貨幣的報酬である。単純なことだが、日常のコミュニケーションを通じて、ありがたみや感謝の気持ちをフィードバックすることだ。利他的行動をしてもらうたびに「ありがとう」と伝える。上司がほかの部署からこんな感謝の言葉を聞いたと、部下に話すことでもよい。それがバックオフィスで働く人のモチベーションを上げる。非貨幣的なやりがいは、自分がよく思われたいという気持ちからくるのだろう。その気持ちをもっと強く自覚したいから一生懸命に働くことになる。

彼らの仕事は成果主義には馴染まない。無理に給与に差をつけると、逆に利他的活動が損なわれる。偽善的な親切が増え、かえって関係がぎすぎすしたものになりかねない。

なぜバックオフィスの人たちも生産性を高めたいと思っているかといえば、人間は本来的に向上心や合理性を尊ぶものだからである。手際よく働くことは、自分たちが与えられた役割を十分に果たしていることへの満足感をもたらす。他人からみても、合理的な作業にはある種の美しさがあり、見るものを感心させる。ベテランのパート労働者の手際のよさなどはその好例だろう。人は、仕事に美意識を感じると、自発的に行動する。

こうした意識は、仕事を頼んでいる上司や顧客にも自然と伝わっていく。そうした自他の共感が、一緒に働くことのモチベーションを上げる。自分はグループ全体の栄光を増すように活動し、それが自分の栄光であると感じる。これも忠誠心である。

■士気と動機の再構築

仕事への忠誠心が高い人と仕事をしたとき、なぜか自分の仕事の成果も高まっていく。ひとりで仕事をしていると感じられない感覚が、仕事の生産性とは何かを気付かせてくれる。仕事への忠誠心の高い仲間と一緒に仕事ができることこそが、最高の生産性を与えてくれるのだ。

ドイツの社会学者マックス・ヴェーバー（1864〜1920）は、『プロテスタンティズムの倫理と資本主義の精神』（岩波文庫）において、プロテスタントの労働に対する倫理観が、資本主義を発展させるエネルギーを形成したと唱えている。

プロテスタントの世界では、与えられた職業で人が合理的に行動することが、神の栄光を増すと信じられた。一生懸命に働くことなく貧しいままでいることは、自分が病気になることを望むように、神の意志に逆らうものだと人々に思わせた。

私たちが他人や組織のために力を尽くす理由は、それが善であるという職業倫理に拠っている。この点は、マックス・ヴェーバーがいうところの労働に対する禁欲的姿勢と非常によく似ている。やりがいとは、すべてを給料で説明できるものではなく、職業人が心理の奥底にもっている価値の実現と関係しているのだ。

ただし、経営者はこうした職業倫理があたりまえのものだと考えてはいけない。たとえば利他的行動にお礼を述べるのを面倒くさがったりすると、たちまち従業員はやる気をなくしてしまうだろう。リーダーや管理職の心ない発言が、現場のやる気という魔法を一気に消し去ってしまう。経営者は、大切なチームの管理をそうした残念な管理職たちに任せてはいけない。

組織のなかでは、成果主義によって成果を求められていない人もまた生産性上昇を望んでいる。その理由は、やりがいと職業倫理に沿った満足感を得るためである。組織は協業だから、成果を直接求められていない人も、ほかのメンバーを助ける役割をきちんと果たしていなくては、総体としての成果は高まらない。もしも、成果から遠い人が機械的に働き、給料をもらうためだけに席に座っているようなことがあるならば、それは潜在的な能力を組織全体で使っていないことになる。リーダーは利他的な役割を担っているスタッフに感謝を惜しまないことが、組織の生産性上昇のために不可欠なのである。

■働き方改革に何が足りないのか

本章では、働き方改革と生産性の関係について吟味した。報酬体系を成果主義にしても生産性の向上にはつながらないことが理解していただけたと思う。にもかかわらず、成果主義を前提としたうえで労働時間規制を緩めると生産性上昇が促されると主張するのは、もはや「イデオロギー」である。立証も反証も不可能な理屈に思える。

もっとも、筆者は企業が就業規則を柔軟化することには賛成だ。育児中の女性、家族を介護する人、自分自身の療養をする中高年。彼らが働きやすくなるために柔軟な働き方は有益だ。これは政府の規制緩和ではなく、企業自身で決める就業規則緩和の範疇である。その結果、労働市場の間口は広がっていくだろう。

問題は、そこで成果主義を前提とする必要性があるかどうかだ。成果主義とセットで労働時間規制を緩和させてしまうと、長時間労働の弊害が抜きがたく発生する。成果主義をセットにして労働時間規制の緩和をする必然性はないと筆者は考える。

本章では、成果主義や労働時間規制の緩和よりも、生産性上昇のために必要な3つの要因を掘り下げた。

(1) チームワークと協業のメリット
(2) 働く人の目線の高さ
(3) 職業への忠誠心と利他的行動

労働時間中に自由度を与えることは、怠ける人を増やすだけだと心配する人がいる。だが、その人が自分の職業に高い忠誠心を持っていれば、決して怠けることなどない。逆に成果主義を徹底して「成果が不足したら給与をカットするぞ」と脅したところで、忠誠心の高い人の働きに追いつくことはない。また、そんな脅しはむしろ忠誠心の高い人のやる気を削いでしまうだろう。

ここで大切なのは、給与の本来的役割である。給与は「労に報いる」という経営者のメッセージの役割もある。私たちは、力を尽くせば必ず経営者からそれなりの報いを受けられるという暗黙の契約の上で働いている。この契約が守られるから、何の心配もせずに安心して全力を仕事に投じられる。

第1章で、日本は世界にくらべて「熱意あふれる社員」の割合が極めて低いことを紹介した（75ページ参照）。その原因のひとつが、給与を上げてくれないことへの不信感だとみることもできる。長期不況とリーマンショックによって、暗黙の契約が壊れたことが社員のモラールを低下させた。

はたしてその代わりを働き方改革が担えるであろうか。労働時間規制の緩和を唱える人々には、まず生産性上昇のベースになるモラールを再構築する発想を持ってほしい。

第4章　生産性を上げるにはどうすべきか？

1　人材育成と組織改編

■人材の伸びしろ

人を育てることは、組織の最重要課題である。企業が有する資産のなかで、人材育成能力は、筆頭に挙げられてもよいくらい重要である。早起きが苦手な大学生であっても、就職後1年間で様変わりして立派な立ち振る舞いに変わる。社会人も、1年目と5年目では劇的に違ってくる。理由は、職場での学習があるからだ。

人材こそ企業の財産であり、人材の成長が企業の生産性を成長させていく。

企業の人材づくりを表現すると、次のように単純化できる。あるポストに就け、期待された仕事をこなして、より成長が見込めるようであれば、次のポストでさらなる経験を積んでもらう。そこには、(1)教育効果と、(2)選抜＝スクリーニング効果がある。

教育とは、その職場の習慣に従いながら、さまざまなノウハウを習得させることである。企業の事務の全体像を理解して、自分がその事務フローのどこにいるかを理解する。自分の役回りが企業全体にどのくらい貢献しているかを頭に入れて、責任感を養う。ヒエラルキーの最下層で体感した事務のセンスは、ヒエラルキーの中間・上層に移っていったとき、部下たちの境遇を考えることに役立つ。そうしたイメージづくりは、組織全体を動かすのに不可欠な感覚となる。

責任感についても同じである。自分がトップに立ったときに「朝令暮改で判断をすると、裏で事務方が苦労するだろう」と想像できるから、安直な判断は控えるようになる。それが組織の求心力にフィードバックする。明文化されていない習慣は、長い期間をかけて人の思考や感性をつくる。

一方、少し厳しいのは、スクリーニングのほうである。新人は採用後、いくつかの部署を経験させて適性をみる。いわゆるジョブローテーションである。このローテーションは、将来その人物をヒエラルキーの上に就けてよいかどうかを判断するプロセスでもある。判断基準のなかで大きいのは、「伸びしろ」だ。与えられたポストの役回りをこなす能力があり、まだ十分な活躍も望めそうかどうかを確認する。伸びしろの大きな若者には次々に難易度の高いポストに挑戦させ、さらに伸びしろがあるかを確かめる。

■間違った人事がもたらす悲劇

反対に、伸びしろが乏しいと思われる人は、活躍の可能性が小さいポストに回されたり、同じポストに長く配置される。多くのサラリーマンは、能力の乏しい人がやってきて、活躍の可能性が小さいポストで足を引っ張ることにストレスを感じる。そして、「早く異動してもらいたい」とか「あんな人を自分の上のポストに居座らせるなんて、経営陣のセンスを疑う」などと不満を漏らすものだ。

しかし、組織全体からみれば、能力の乏しい人がそのポストに回ってくるのは、それなりの理由がある。伸びしろの大きい人をよいポストに就ける代わりに、伸びしろがない人を相対的に悪影響の少ないポストに回しているのだ。最悪なのは、能力のない人を難易度の高いポストに就けてしまい、とんでもない悪影響が組織全体に及ぶことだ。

悪しき事例を紹介しよう。インパール作戦は、太平洋戦争で最も愚かな失敗だったと言われている。作戦を立案、指揮した牟田口廉也司令官は、ビルマ（現在のミャンマー）からインド・アッサムに侵攻する大逆転の構想を唱えた。

これには参謀長をはじめ幕僚全員が反対した。

だが、東条英機首相は、戦局が不利になる中で、牟田口の無鉄砲作戦ならば、インドに飛び込めるかもしれないと一縷の望みをつないだ。東条は、牟田口が成功すれば敗勢を一挙に挽回でき、自分の人気も回復すると考えていたという。牟田口は自分に反対する参謀長を解任して、作戦を強行してしまう。

そして日本軍は大惨敗を喫し、ビルマ方面軍は地上部隊33万人のうち14万人しか生還しなかった。現場を知らないトップが間違った人事をおこなったことによる悲劇というしかない。

■アリババ馬雲の大逆転人生

一方、無能な上司がなぜ多いのかを階層社会学の立場から説明した「ピーターの法則」がある。

「人は能力の極限まで出世する。すると、当初優秀だった人も、いずれ無能な管理職となって出世が止まる。気が付くと、組織の各階層は無能な人で埋め尽くされてしまっている」……この理解はいささか意地悪だ。共感者は多いかもしれないが、真実ではない。

ピーターの法則が当てはまるのは、人の能力が元から確定していて、その能力が客観視できる場合にかぎる。だが実際は、人の能力の伸びしろが完全になくなることはない。モチベーションがあれば必ず成長できる。何よりも、自分の能力は他人が把握しにくいミステリアスなものなのだ。誰の伸びしろが大きいのかは先見的にはわからない。組織は、伸びしろの大きい人を探すために、半永久的にジョブローテーションを繰り返している。

中国の巨大IT企業アリババの創業者、馬雲（ジャック・マー）は、底知れぬ力で中国の消費革命を引っ張る人物である。法定祝日でもない11月11日を「独身の日」と定めて、独身者向けの大セールスキャンペーンを展開して成功した。2018年は、この1日だけで3・5兆円の売上げを記録したという。

馬雲は大学受験に2度失敗し、30歳までは何者でもなかった。就職面接でも、24人の応募受験者のうち馬雲をのぞく23人が全員合格したのに自分だけが落ちるという屈辱を味わった。その彼が00年に孫正義に見出され、出会って5分で出資が決まったところから人生は大逆転した。馬雲のエピソードひとつとっても、能力の伸びしろに際限がないことがわかる。

■中小企業を悩ます「人づくり」の危機

そうした視点で見ていくと、日本企業の人材育成は危機に瀕しているといえる。経済が成長しない中、働き手が成長する経験、つまり自分自身の伸びしろにチャレンジする機会をもてないまま年長になっている。

バブル崩壊以降に入社した人たちは、すでに40代後半になっている。彼らが「高い目線」をもって仕事を切り盛りしなければならない時期に突入している。成長する時代を経験した50代後半の人々は、あと10年以内に日本企業の最前線から姿を消していく。これから厳しい時代の到来が予見される中、高い目線をもって積極的に仕掛けるのではなく、「守りの経営」に入る企業が増えてしまうのではないかと心配になる。

また、中小企業の人材育成には「後継者不足」という問題もある。人手不足に悩む中小企業では、新卒採用など見込めないため、おのずと30～40代の人々が採用の中心となる。しかしこうした人々は、たとえ正社員になれたとしても、1～2年間で転々と職場を変わることが多いから、スキルも給与も高まらない。

筆者がよく知る北関東の中小企業（製造業）では、モノづくりの後継者を育てる目的で、30～40代の中堅社員を中途採用してきた。10年間で5人以上を雇ったが、皆1～2年の短期間で辞めてしまった。また、その企業はあるとき派遣社員を正社員に転換し、30代の男性を雇ってみた。しかし、それも半年しかもたなかった。工場の人間関係に悩み、ある日突然、失踪したのである。

数カ月後、その社員は遠く離れた場所で警察に職務質問され、工場に連絡が入った。事情を聞くと、「正社員にしてもらったのは嬉しかったが、結局、給与は全額両親に奪われて、派遣のときと同額の小遣いしか与えられなかった。何もかもイヤになって、生活を捨てて逃げた」と吐露したという。

「最近の若者（といっても30代以上だが）はこらえ性がなくて困る」といってしまえばそれまでだが、中小企業はこうした定着しにくい労働力を相手にしながら苦闘している。そして、きっといつかは後継者、ベテラン職人が育っていくと信じ、歯を食いしばって若手の育成に取り組んでいるのだ。

このままでは、日本のモノづくりを支えてきた中小企業の重厚なスキルは、あと10年から15年以内には大半が消滅してしまうだろう。

「人づくり」とは、企業にとって最も難易度の高い課題である。外国人労働者を広く受け入れれば人手不足が解消するという人もいるが、何が深刻なのかをまるで理解していないと筆者は思う。中小企業が直面する人材難、後継者不足はそれでは何も変わらない。

■「ツボにはまると凄い人」を見逃すな

組織・チームは、2：8の法則（パレートの法則）が当てはまることが多い。2割の優秀な人が、全体の8割の成果を稼ぐという傾向である。全体のメンバーの上位2割に、より大きな活躍の場を与えると、組織の成果は増え続ける。

強いところをさらに強化するのが、成果拡大のセオリーだ。組織のパフォーマンスは、上位の2割の人材が生み出す成果に対して、残りの人員が強力にバックアップをすれば、そうでないときに比べて飛躍的に成果を拡大することができる。

ただ、注意しなくてはならないのは、誰が優秀な2割であるか、状況によっては非常にわかりにくいことである。人材のなかには、誰がみても優秀な人もいれば、地味で自己アピールが下手であるがゆえに損をしている人もいる。上司に恵まれなかったり、不向きなポストを与えられて色褪せてみえるが、ツボにはまると凄い人もいる。

そうした隠れた才能を見逃すと、企業は致命的な損をする。企業のなかには、くせのある人物を扱うことが下手なところが結構多くある。異能の人を育成できない組織だ。

かつて大型コンピュータの黎明期に池田敏雄（1923〜74）という人物がいた。富士通の天才技術者である。早逝したが、いまも数々の伝説が残っている。数日間、徹夜で働いたかと思えば、数日間は出社しないこともあった。同僚は、彼を出社させることを仕事として命じられた。会社は、そんな勤務実績では給料が支払えないと困ってしまい、とうとう彼の給与制度だけ変えたという。昔の日本企業にはそんな懐の深さがあった。

最近になって、多様性（ダイバーシティ）が叫ばれているのは、外国人や女性・シニアを含めて、組織が多様な人材の才能を活用する必要性が増しているからだろう。言語や体力などにハンディキャップがあっても、特異な才能を発揮する者は、他者の数倍もの生産性をもたらしてくれる。

多様性に逆行するのは、「統計的差別」である。多くの企業は過去の統計に基づき、性別・学歴・年齢などの属性によって、昇進・昇格の差をつける。統計的差別は一見、合理的に見えるが、まれに見る輝く人材を見落とす点で全くもって非合理的なのだ。統計的差別をしているから、イノベーションを巻き起こせる特異人材を取りこぼしてしまう。

2000年代になって、大きな企業は専門職のコースを設置して、総合職を絞り込んだ。こうした人事制度も、もしかするとコースを固定化して、本当に有能な人物を取りこぼす機会損失を生んでいる可能性がある。

■組織は経路依存的に進化する

さて、ジョブローテーションにおいては、ポストの役割という問題がある。企業内のポストを、果たして所与の状態として考えてよいのか、という点である。

ポストは仕事のルーティンを保存する役割があるが、環境の変化に応じてルーティンを変えてゆくこともポストの役割だ。その環境に最も適したように、ルーティンを変えてゆく。そして、それは後任者に伝えられる。

こうしたプロセスは、進化に似ている。進化はダーウィンの自然淘汰が有名だが、仕事のルーティンは獲得形質が遺伝してゆく。これが仕事の進化のプロセスである。

もっとも、ルーティンの全部を変えることは稀である。例えば、8割のコア部分は頑として変えず、残りの2割は有用なものに積極的に取り換えるといったことが普通だ。

進化は、経路に依存する。仕事のプロセスにおいてたまたま遭遇した問題をうまく処理するために、進化をする。つまり、その組織が通過した道筋によって決定される。その道筋は、偶然でしか決まらない。その点、他の企業がすぐにはコピーできないものである。

経路依存的な進化の優れた点は、設計図やマニュアルがなくても、環境に適応した仕組みが出来上がることだ。メンバーに先見の明がなくても、ある程度の不確実性に対処できる。行き当たりばったりにみえて、経験を積みながら進化して、賢い対応をすることができる。そうした経験の強みは、他企業はすぐにはコピーできないから、長い期間、競争力を保持することも可能だ。

経路依存的な進化を、より劇的に強化するのは組織改編である。

ただし念頭に置くべきは、組織改編は成功を保証されているわけではなく、失敗の可能性もあるという点である。投資と同じくリスクがある。投資とすこし異なるのは、失敗が見えにくい点だ。組織改編後、すべてが予定調和的に改善されると考えるのは正しくない。そこで愚かなリーダーが守りに回って、改編の正当性を部下たちに押し付けると、そこでまた悲劇が起こる。

組織改編は、生物の進化の過程で起こる突然変異に似ている。生物の進化では、突然変異が起こっても、その多くは淘汰されて消えていく。本当に適応的な変化をした個体だけが定着して残っていく。変異→淘汰→定着の繰り返しが進化をもたらす。

組織が進化する過程では、平時は経路依存的な進化に任せておき、大きな環境変化の波が迫ったときは、リーダーが柔軟な組織改編に動くというのが効率的だ。柔軟な姿勢で、改編の摩擦の流れを新しいルーティンの定着へ導くことが理想である。

2　無形資産の生み出すもの

■品質プレミアムで価格を上げろ

成果を生み出すものは何であろうか。「稼げるアイデア」や「儲かる仕組み」は、言うのは簡単だが、現実につくりだすのは難しい。言うだけならば誰でもできる。

もうすこしハードルの低いものとして、「差別化された能力」がある。製品・サービスに品質・性能上の差をつくり、そのプレミアムの分、価格を上げることだ。差別化のポイントは、他企業が簡単には模倣できないようにすることだ。デザイン、使いやすさ、ブランド力、アフターケアといった要素も差別化になる。企業にとっては、価値を生み出したことの対価としての超過利潤が手に入ることになる。

実際、私たちは標準品が一物一価で売られている観念の世界で生きているのではなく、さまざまに差別化された製品・サービスに囲まれて暮らしている。多くの企業は、製品・サービスを差別化して、品質プレミアムを稼いで生き残っている。その代表例は、化粧品と婦人服だろう。

差別化の能力は、非価格競争力ともいえる。

非価格競争力は、顧客が評価してくれる価値を提供することである。この製品は使い勝手がよい、長持ちする、持っていると他人から羨ましがられる……そういった価値に顧客はより高い対価を支払っている。

こうした価値を生む能力のことを無形資産と呼んでよいだろう。目に見えず形もないので外から観察することができない。それでも、厳然と存在している。企業のなかでは、習慣や伝統として受け継がれているものが、価値の源泉としての無形資産だ。物的生産性では、労働投入量や機械の性能・効率が重要であるが、付加価値生産性では、無形資産の役割が極めて大きくなる。

無形資産の概念は、教科書的な狭い範囲では、特許、商標、借地権などの法的権利と、法的に確立されていないブランドなどの営業権を指す。これらは会計上、貸借対照表に無形資産として計上できる。貸借対照表に計上されなくても、企業が保有する無形の能力があることは、言うまでもないだろう。従業員の身につけたスキル（人的資本）、研究開発によって獲得された知識やソフトウェア、仕事を円滑におこなう組織力も無形資産にカウントできる。

財務諸表に載ってこないものとして、従業員の存在がある。従業員は、企業と契約で結ばれているため、財務諸表には載ってこない。

もっとも、従業員のスキルには企業に帰属するものもある。従業員のスキルのなかで、その企業で仕事をすることによってはじめて能力を発揮できるものを、労働経済学では「企業特殊的人的資本」と呼ぶ。その企業でしかうまく発揮されない能力は、その企業の無形資産の源泉になっているからだろう。その企業で従業員がある役割を演じることで、無形資産が稼働するのだ。

興味深いのは、無形資産は、実物資産とまったく違う性格をもっている点である。実物資産は、機械・工場・店舗・土地など、物的な道具である。道具は生産要素であり、生産物を生み出す。ハードウェアという表現もできる。

ハードが生み出す競争力は、非価格競争力よりも、大量生産を通じた価格競争力のほうだ。ハードの性能は、決められた操作を実行して、効率的に製品を仕上げることに貢献する。おもにコストダウンに効果を発揮する。

無形資産の役割：品質プレミアム（＝非価格競争力）↓付加価値アップ
実物資産の役割：コスト（＝価格競争力）↓コストダウン

大量生産の世界では、スケールメリットがコストを急激に低下させて企業に利益をもたらす。現代のように、大量生産品が必ずしも消費者のニーズを満たせなくなると、企業の競争力とは無形資産をどううまく作り込むかに移っていく。

ところが、企業の実態を把握しようとすると、この無形資産の捉えにくさが私たちの理解の邪魔をする。無形資産の中には、貸借対照表に表れてこないものが多くあることは先に述べた。従業員とその能力も、貸借対照表から抜け落ちている。財務分析では、収益性を上げることを目指してＲＯＡ（総資産利益率）やＲＯＥ（自己資本利益率）を重視する。実物資産の収益率が高くなるからＲＯＡが高まるという発想がベースにある。しかし、本当は無形資産が大きく、実物資産を使用しないからＲＯＡが高いということもある。サービス業はその傾向が強い。ＲＯＡが高い企業は、無形資産をカウントしないから見かけ上、収益率が高く見えるだけかもしれない。

■経費削減が無形資産をぶっ壊す

現代の世界経済において、非価格競争力がより重要になっていることは間違いない。日本企業も、趨勢として無形資産への投資をより重視している。国際比較の分析では、米企業は、日本企業よりも無形資産の投資に積極的だという研究もある。

企業が、知識・アイデア・スキルを使って収益を上げることに成功すればするほど、財務分析からみえにくいところで企業は稼いでいることになる。現代の経営にとって、みえにくい要素を本来は重視しなくてはいけないのに、逆にそれらの要素を軽視しがちな傾向がある。教育、議論の場、モチベーションなどは軽視されやすい。いや、正確に言えば、誰もが水や空気のように元から自然発生的にあるものだと錯覚しやすい。自分たちが投資しなくても自然に得られると思うから、過少投資に陥りやすい。

知識・アイデア・スキルは、組織内で時間をかけて形成されるものだ。一見無駄にみえる客先回り、アイデアの出ない会議、覚えの悪い部下への教育も、我慢強くやっていると、のちのち思いがけない場面で役に立つ。それが無形資産につながるのだ。

多くの企業は余裕をなくし、「カネを使うな、投資せずに考えろ」と従業員を叱咤する。こんなことをやっていると、本来は重視しなくてはいけない貴重な無形資産が、再生産されなくなってしまう。本当に成果を上げるには、組織のメンバーが、ヒト・モノ・カネをある程度は自由に使うことができなければならない。仕事の試行錯誤を繰り返すことでしか、みえない資産はつくられない。そこをガチガチに管理すると、組織のメンバーの活動の自由が失われる。自由や余裕といったファクターは、無形資産づくりには不可欠なのだ。カネや人はそれをバックアップする。

ところが財務分析に無形資産が指標として載ってこないため、多くの日本企業は無形資産に絡んだ支出をカットの対象としてしまっている。モノではなく従業員の活動に関係していく多くの支出は、それをカットしても実害がすぐには見えにくい。だから、狙い撃ちされやすくなるのだ。

往々にして企業の経理担当者は、経費支出によって無形資産を生み出す能力が高まると聞いても理解できない。現場が「経験的にみて、これは削ってはいけない」と抗弁しても、それを合理的説明とは受け取らない。現場を知らない人が社内に多くなると、そうした不自由が当たり前になってくる。経費のなかでカットの対象になりやすいのは、Kからはじまる項目だといわれる。交際費、会議費、交通費、広告宣伝費、教育費、研修費、研究開発費……。

だが、これらの支出は無形資産の形成・獲得に役立っている。交際費は取引先との関係や人脈を深めるために使われる。交通費を過剰に抑制すると仕事の効率が落ちる。広告費は企業のブランド価値づくりに役立つ。教育費はスキル形成に直結する。

とりわけ研究開発費を削減するのは危険である。知識や技術の獲得を怠っていると、陳腐化リスクが生じる。陳腐化によって決定的な競争力の低下を招く。

同様に、教育費もすぐに成果が表面化しないタイプの投資の代表例である。社内教育を怠ると、その企業の知識ストックは徐々に失われていく。今すぐにはわからなくとも、インプットは蓄積されて、将来どこかで必ず成果が現れる。無形資産に対する過少投資のリスクには気をつけておく必要があろう。

こうした弊害に対して「無形資産を可視化せよ」という論者もいる。しかし実務レベルで可視化するのは難しい。多様な経費支出がどのような効果を生んでいるのかを測定するのは困難だからだ。だから、昔からある伝統や習慣を、もっともらしい理屈をつけて変えてはいけないのだ。

その点、アンケートなどのヒアリングによる方法は有効な案である。質的要素をデータとして「見える化」するノウハウは数多くある。たとえば、現場で経費削減されると困るものは何かを挙げてもらい、経費カットの対象から外していく。現場の実感から導き出した重要度の高い経費品目のなかで、優先順位をつけさせることがアンケートの目的である。たとえば、営業マンが最もサポートしてほしいものはなにか、足を引っ張っている経費カットはなにかを特定して、データで指標化すればよい。業績の指標と回答データの間にある相関関係をチェックする。そうすると、アンケートに表われた回答の中から、役立っている無形資産が何であるかが見えてくる。経営者は非価格競争力を生んでいる要素が何かをきちんと自覚して、その価値を無意識のうちに毀損しないよう、経費締めつけのコントロールを綿密に調整していく必要がある。

■集合知を利用する

人は集団になるとバカになるといわれる。企業という集団のなかでも、船頭多くして船山に登るといったことがよくある。筆者も、すべての集団的判断は個人の判断よりも正しいなどとは思っていない。

しかし、なぜ企業というものが存在するのかを考えると、個人よりも集団で仕事をすることに合理性があるからだ。そこには集合知（集団的知性）を重んじるという背景があると筆者は考えている。

集合知とは、もともとは昆虫学者ウィリアム・ホィーラー（１８６５〜１９３７）が提唱したのが始まりだとされる。１９８０年代から様々な学者によって、動物などの集団が持っている知性を研究することで広がりをみせた。人間の集団的意思決定は個人の意思決定よりも優れた判断を下せるとしている。

この集合知という言葉が最近になって再び脚光を浴びている。ウィキペディアなどインターネットのクラウド・ソーシングが集合知の概念を利用しているからである。さらに、ビッグデータから大規模集合のなかにひそむ法則性をみつけてきたり、ＡＩによって集合知を形成することへの研究が進んでいることもある。ひとりひとりの判断は頼りなくても、それを集合知として活用すると、優秀な個人よりも確かな判断ができるという考え方は、魅力的に思える。

米国のコラムニストで『「みんなの意見」は案外正しい』（角川文庫）の著者、ジェームズ・スロウィッキーは、４つの条件をクリアしているとき、集合知はより確からしいものになると強調する。それは、①多様性、②独立性、③分散性、④集約性である。

多様性とは、専門家のように独自情報から自分なりの解釈をしていることである。独立性は他人の考えに左右されないこと。分散性とは、新聞・テレビをみるというマス情報ではなく、身近な情報から判断を得ることだ。集約性は、個々の判断をひとつに集約するメカニズムがあることを指す。

これらの条件が成立しないとき、集合知は損なわれてしまう。賢い人たちが群れるとダメになるのは、独立性が損なわれるからだ。他人に同調して、自分の意見を主張しないからだ。たとえば組織内の保守本流の人の意見に同調するのは安全だ。逆に、保守本流を否定するような独創的意見を主張すると猛烈に批判される。本流と呼ばれる人々に逆らってはいけないことを、賢い人は知っている。だから賢い人たちが集まった組織では、こうした過剰適応がすぐに起こる。これこそ、「人は集団になるとバカになる」の典型だ。意見が分権的に決まってきて、ある程度、組織内で公平に扱われないとスロウィッキーの４つの条件はすぐに成立しなくなる。

とくに、企業の場合、上意下達で上司がメンバーを行動させていると、企業内の集合知が痩せ衰える。それなりの秩序をもったうえで、多士済々が異論を切り結ぶような環境が集合知を生む。君主制は、民主制に劣るのだ。

株式市場も集合知の威力を発揮することもあれば、他人に同調する売買が歪みを生じさせることもある。後者のことをバンドワゴン効果という。上昇している株式を誰もが買えば自己実現的に株価は上がる。これがバブルをつくる。

筆者も長く金融マーケットの動きをみているが、数年に一度、バブルが起こる。すると、有名なコメンテーターがきまって「今はバブルではない」というご託宣を述べる。これは多くの投資家がバブルだと知っているが、そのバブルが潰れてほしくないと感じている状況だということだ。コメンテーターはそこにおもねっている。もちろん、誰からも叱られない。逆にバブルが潰れたとき、「だから言ったでしょう」などとコメントすると恨みを買う。賢者は決まって沈黙している。

■無形資産を稼働させるには

組織内の議論では、メンバーが独立してものを考えて、それぞれの立場から中立に発言するというエチケットが暗黙のうちに守られる必要がある。やり手の人物が、あまりに独善的なパワーをもって各部署のメンバーの意見を支配すると、せっかくの集合知が台無しになる。無形資産を上手にワークさせるには、そうした節度を保った運営が必要とされる。

繰り返すが、無形資産は実物資産（モノ）とは異なる。実物資産のパフォーマンスは、ストック量×稼働率とされる。稼働率の上限は100％である。だが、無形資産の稼働率には上限がない。

難しいのは稼働率の臨界点を極限まで引き上げることよりも、無形資産の成果を安定的にワークさせることだ。無形資産のカギは人なので、組織のコミュニケーションが何かのはずみで機能不全になるとパフォーマンスは落ちる。たとえば、リーダーや中間管理職が、メンバーのモチベーションを台無しにする残念な発言をしたとすると、もう翌日からチームは能力を発揮しなくなる。

ごくたまに、神業的に社員の求心力を高めることができる経営者もいる。だが、彼らの技術は目に見えないし、場所もタイミングも特定できない。そうしたものはアート（芸術）と呼ばれる。アートは、普通の人には再現しにくいものである。だから、最初から神業的なアートを目指してはいけない。普通の経営者が目指すべきは、あくまで民主的な組織運営である。メンバーの独立心を養い、自律的に各部署が能力を発揮できるようにすることだ。そのためにも、過度に現場を統制して、そこから権限・予算・人事の力を奪うのはよくない。

３　イノベーションとは何か？

■イノベーションと潜在ニーズの深い関係

近年、ポテンシャルの高い革新的技術が次々に身近なものになってきた。人工知能（ＡＩ）、自動運転車、ドローン、空飛ぶ自動車、スマートモビリティ、ＶＲ・ＡＲ（仮想現実・拡張現実）技術、ブロックチェーン、バーチャルアシスタントなどである。

しかし、新しい技術に興味を持ち、具体的な応用を考え始めると、すぐに数々の課題が浮かんでくる。技術的限界、管理コスト、使いこなせる人がいない、などの課題である。ドローンやスマートモビリティのような自由を前提としたテクノロジーは規制があると、もう実用化は不可能となる。

イノベーションを目指す企業では、多数の困難を乗り越える胆力を経営者が持っているかどうかが試される。開発は失敗の連続だ。技術的なブレイクスルーがあると一時的にブームが訪れるが、しばらくすると人も資本も逃げていってしまう。固い信念と忍耐強さが求められるのだ。

イノベーションが成功した事例を分類すると、プッシュ型とプル型の2つのパターンがある。

プッシュ型は、新たなテクノロジーの登場によって社会ニーズが押し出されるように出現してくる場合である。パソコン、テレビ、スマホはプッシュ型の事例だ。ドローンやスマートモビリティもこちらに分類される。

プル型は、まず社会にニーズが存在し、そのニーズの実現に向けた研究開発が新しいテクノロジーを引っ張り出してくるものだ。お掃除ロボット、乾燥機、ドライヤー、電気自動車はプル型だろう。プッシュ型は、供給サイドが主導したイノベーションであり、プル型は需要サイドが主導するイノベーションであるともいえる。

筆者は、多くのイノベーションはプル型として誕生するものだと考えている。改良、工夫、応用は、ほとんどニーズを実現する目的が契機になったものだろう。一方のプッシュ型イノベーションは、誕生の当初は期待されていても、規制のようなバリアにぶつかると潰れやすい。プル型は誕生のときから、すでにある規制をクリアすることが所与の条件となっている点で潰されにくい。

その反面、プル型イノベーションは、社会が待望するタイプのイノベーションとは異なるものかもしれない。技術の素晴らしさを話題にするものではないからだ。それに、プル型を生み出すニーズは、世の中には見えにくい。

大化けするニーズは、事前には非常に発見しにくいものだ。潜在ニーズに対して、人々は日々、気づくことなく過ごしている。不便であって当然だと受け止める習慣があるから、隠れたニーズを見過ごしてしまう。付加価値の高い商品を生み出すには、隠れたニーズを発見することもまたイノベーションなのだ。

プル型イノベーションが成功するためには、企業が平常時に気付きにくい潜在ニーズに敏感になることが必要になる。企業には研究者や技術者よりも潜在ニーズに気付きやすいアドバンテージがある。それは、顧客に近いからだ。

顧客の声とは、潜在ニーズを教えてくれるメッセージでもある。顧客からの不満にさえ、サービスの質を改善させるヒントがある。企業は、現場にいる鋭敏な感覚を持った担当者から、平常時には気付きにくい情報を集めて、それをプル型イノベーションの材料にすることができる。

こうした構図を、経済学の枠組みを使って整理すると次のようになる。プル型イノベーションは、需要主導である。まず、需要があって、そこにいくつかの手段（供給）が用意されて、試行錯誤が行われる。これは、もっと低いコストで、より良い手段を選んでいくような研究開発のプロセスとも言える。図で表わすと、所与の需要曲線に対して、より低いコストを実現する供給曲線が出現していく変化として記述される。

このコストには、技術的なボトルネックや規制を乗り越えるコストも含まれる。コストダウンとは、有形無形の課題を解決していくプロセスを含んでいる。課題解決の地平の先に、実用段階での低コストが実現する。

イノベーションの威力は、その次の段階で表れてくる。ある程度のコストダウンが可能になると、今度は多くの顧客がその技術を使ってつくられた製品・サービスに対して魅力を感じ始めるところだ。コストダウンは、巨大なニーズを獲得して、需要の規模を膨張させる。これを図で表すと、初めの需要曲線が大きく上方にシフトしていく姿として描くことができる。

イノベーションに魅力があるほど、コストダウンに反応して隠れていた潜在ニーズが大きく顕在化するのである。

イノベーションの原理

(能力の上昇)

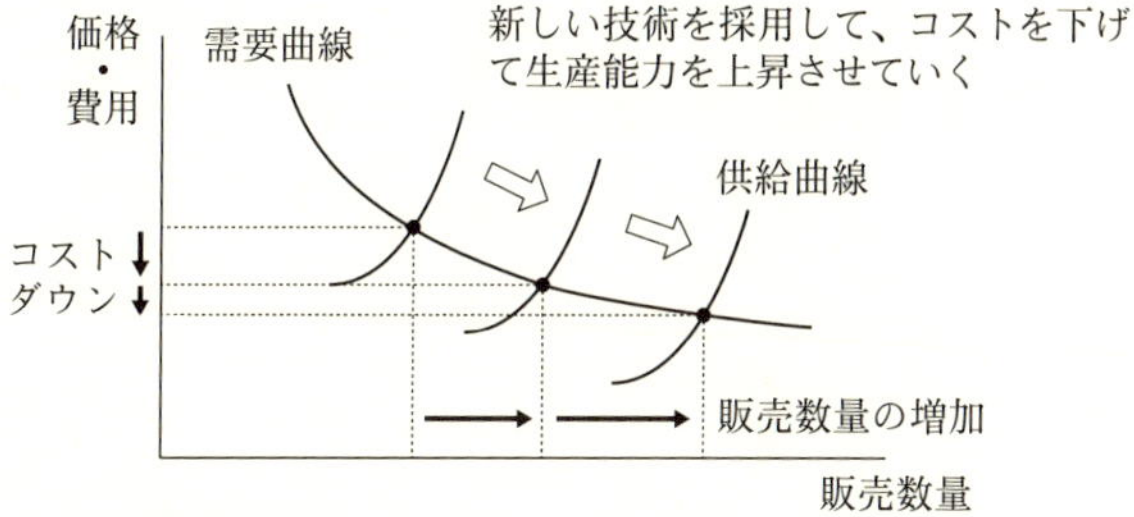

(新しい需要の出現)

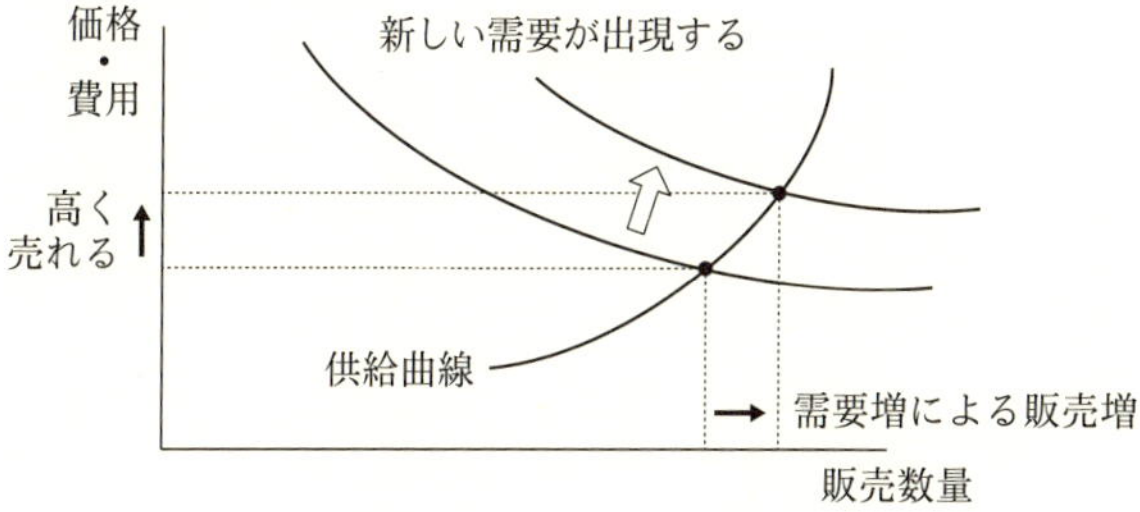

■生産性上昇が生み出す需要

イノベーションの考え方は、そのまま生産性に応用できる。生産性を高めたいという組織・チームのニーズが、様々な新しい技術の開発を導いていく。これは、プル型イノベーションと同じ理屈である。

しかし、新技術だけで生産性上昇は実現できない。

例えば、ある工場が新技術を導入し、完全無人化での生産を目指しているとしよう。それまでは早朝から夜間まで人間が手作業をし、多品種少量生産でやっていたが、同業他社で完全無人化を果たしたところがあるので、さっそく機械を入れようということになった。

だがそこで、営業の問題が浮上してくる。工場を完全無人化して製造効率を高めても、注文がそれほど多くないのだ。24時間稼働にすると、ある製品は月産20万個になるが、営業は月5万個の注文しかとってこれない。今まで多品種少量生産でやってきたので、営業が顧客から取ってくる注文数はそれほど多くないのだ。経営者は、今まで通り手作業の多品種少量生産を行うのか、製品を完全無人化できるものに絞って少品種大量生産に切り替えるのか、という選択に迫られる。

この例は、需要が変わらないとイノベーションの威力が発揮されにくいことを物語っている。

さて、経営者は迷った挙句、少品種大量生産に舵を切ったとする。手作業の必要な注文は、すべて協力工場へ外注した。すると、営業も少しずつ注文数量の大きなものへとシフトしていった。無人化すると製品単価は大きく下がり、価格競争力を高めることができる。高まった競争力を使って、新しい顧客を獲得できるようになったのである。

こうした新規の顧客、注文増加は、需要曲線が上方シフトしたことを意味する。つまり、生産性が大きく向上すると、その能力獲得によって新しい需要が出現するのである。

この原理は、サービスや知識産業でも全く同じように再現される。自分（自社）の能力が高まると、これまで取引実績がなかった顧客が、取引の開始を申し入れてくる。とくに範囲の狭い市場では、顧客は自分が発注したい仕事を誰が上手に仕上げてくれるかをお互いに知っている。

たとえば売り手（サプライヤー）の能力が向上すると、顧客はその売り手に新しい仕事を任せたいと考える。顧客は常に、誰に発注すれば一番良い仕事をしてくれそうかを考えているから、すぐに売り手の能力向上に反応して、注文を増やすのだ。

そこで残された問題は、古い仕事を続けるかどうかである。古い仕事は、必ずしも利益率が良くない。多くの経営者は、古くからの縁を大切にするという心情から、自社の低生産性部門を捨てることはできない。「選択と集中」は、言い古された考え方ではあるが、古い顧客を大切にするという思い入れが足を引っ張ることもある。

この点においても、イノベーションと生産性は密接な関係がある。売上げの量的拡大から生産性の方に問題設定のフォーカスを移すことで、「集中」を邪魔する低生産性部門の存在がよりくっきりとわかってくる。

■発想をかたちにする方法

イノベーションでも、生産性でも、壁にぶつかるからこそブレイクスルーがある。他人がまねできないアイデアを思いつくためには、壁が必要である。これは「必要悪」ともいえる。

では、実際に壁にぶつかったとき、どのような手順で思考を整理すればよいのだろうか？

筆者自身がアイデアの壁にぶつかったときに多用している方法は、「ひとりブレーンストーミング」である。自分では解けない問題に出くわすと、そこで初めて「これを解くために、なんとか良いアイデアがないものか？」と、テーマ設定できる。

そのようなときはまず、ひとつのテーマについて、思い付いたことを白紙に鉛筆で書き出す。連想した原因・結果、関連するテーマについて小円を描き、要素となるファクトを書き尽くしていく。次に、無数のファクトをグループ化して、さらにグループをつなぎ合わせる。すると、どこからか新しいアイデアが湧き出してくる。マインドマップとも共通する。川喜田二郎（1920〜2009）が考案したKJ法の簡易版とも言える。

この手法は、有能なスタッフ2〜3人が協力してくれると効果が倍増する。同じようにテーマについて自由に語ってもらうだけで、発想の枝はさらに増える。自分と異なる発想をする人が同じテーマを考えると、斬新な切り口がいくつも発見できる。集合知の応用だ。

さらに、自分と利害のつながらない人を5〜6人集めて議論してもらうと、より様々なアイデアをもらえる。これはグループインタビューという手法である。筆者も、マーケットリサーチ会社に頼んで、モニターの人を5〜6人集めてもらい、意見交換をしてもらう調査を行ったことがある。お金はかかるが、たいへん有益だ。ここで有益な情報を得るためには、インタビューの司会者が要になる。司会者が、モニターに質問して、予想できない回答を引き出すと、グループインタビューを会場の外でマジックミラー越しに観ていた聴衆がみな一斉に驚く。他人の頭脳を利用してこうしたひらめきを引き出すことに成功した瞬間、人々は人間の知性の奥深さを味わうことになるのだ。

他人からアイデアを導き出して、自分の望んでいる課題解決の糸口を探ることも、また集合知の威力だ。筆者は仕事で出会った人のなかで時々「こいつは頭が良いな」と直感する人がいる。地頭の良い人は、年齢、学歴、職種を問わず幅広い業界に点在している。

■現場をみることの重要性

机の上でひらめいたり、他人から集めたアイデアを実務に組み合わせるには、他社の現場を見学するのが手っ取り早い。自分が興味深いと思った企業にコンタクトし、レクチャーを請うのである。すぐにビジネスに結びつきそうな企業だけでなく、純粋に知的好奇心の赴くままに見学するほうがよい。

あなたがどんなに努力したとしても、所詮は3〜4つの分野にしか精通できない。他社・他業種と交流すると、専門家になれなくても、幅広い分野で応用がきくようになる。イノベーションは、知識体系がクロスオーバーしているところからも生まれる。

筆者は先日、地方の3D（3次元）プリンター工場を見学させてもらい、独自の技術について教えてもらった。今でこそ３Ｄプリンターは知名度が上がったが、彼らはメディアで話題になる前から光造形・粉末造形という名前で開発を進めてきたという。これらの技術は、量産でコストダウンを追求するものではなく、試作品を短納期化することに強力なアドバンテージを持っている。現時点では強度や着色に制約があるというが、革新的な技術であることには間違いない。

その３Ｄプリンター工場を見学させてもらった直後、ある華道の先生に会った。日米を往復する多忙な人で弟子が多くいるが、残念なことに身体はひとつで、これ以上は弟子をとれないという。筆者は、粉末造形で再現できる作品のデータをコピーして弟子たちに配れば、遠隔教授ができるのではないかと考えた。華道の先生は筆者のアイデアをバカげていると否定した。しかし、たとえば蓄音機が登場する以前、音楽家は録音というアイデアを聞いても、一笑に付していただろう。筆者はいつか日本の華道もそうしたテクノロジーを駆使して世界に拡がる日がやってくると信じる。

ともあれ、筆者は自分が知らなかった知識体系に幅広く触れると、発想の幅が大きく広がることを身をもって実感した。

4　指標で導く経営管理

■KPIに集中するメリット

すべての企業活動は生産性と関係している。だが、手当たり次第に日々の仕事の効率性を上げればよいというほど単純なものではない。仕事に優先順位をつけ、優先度の高いものだけに集中する。仕事の生産性を上げるには、何を優先順位の上にもってくるのかがポイントとなる。

組織やチームの活動のなかで、優先順位の高い事柄は、KPI（キー・パフォーマンス・インディケーター）として掲げられる。KPIとは文字通り、「鍵となる成果指標」である。この成果指標を何に設定するかが、もっとも重要な組織の課題となる。

ここを正しく設定すると、組織活動は効率的になる。組織のメンバーは皆忙しいので、あれもこれも集中することはできない。集中するのはKPIだけにして、そこを達成できれば自然と成果がついてくるような仕組みをつくり込んでおく。これは経営の知恵である。

よく耳にする言葉に、「サービスが先で、利益は後」がある。実際、顧客サービスが高まると、後からリピーターが増えて、店舗の評判も上がる。つまり、自分は企業収益そのものをコントロールできないとしても、サービスはコントロールできる。サービスは、企業収益との間に強い因果関係があるので、サービス向上が巨大な成果を導く。サービス向上は、中間目標、キー・インデックス（ＫＰＩ）である。

間接部門は利益が見えにくいので、キー・インデックスに何を置くかがより重要になる。社内の現場サポートは、極力クイック・レスポンスを心掛ける。どの部署から頼まれた依頼を先に処理するかというのも大切だろう。経営者は、間接部門のキー・インデックスとして何を選ぶのかに知恵を絞り、それが企業のパフォーマンスに反映される努力をすべきである。

現在、多くの企業がＫＰＩを導入している。だが、企業が定めた指標が本当に適切なのかは再考してみる必要がある。上意下達のＫＰＩを信じるだけではまったく駄目だ。

最も不幸なことは、誤ったＫＰＩを鵜呑みにすることだ。生産性向上を掲げていても、ＫＰＩが間違っていてはどうしようもない。業績が落ちたときに、「今期は特殊要因で減りまして……」などと言い訳する担当者をよく見かけるが、こんなのは下の下である。

■あなたのKPIは何ですか？

さて、あなた個人の生産性を高める方法をズバリと述べたい。それは、あなたが成果を上げるための最も効率的なキー・インデックスを発見することである。これをすれば必ず業績が上がるという中間目標を定めて、それに集中することだ。

筆者のみる限り、ほとんどの優秀なビジネスマンは集中すべき対象が見えている。それが見えるから、ここぞという時に成果を上げられる。それがないと、生産性を上げろと言われても、何に集中してよいのかわからない。

筆者の場合は、定性的インデックスは次の3つである。

(1) スピーチする力

(2) わかりやすく文章を書くこと

(3) 独創的に分析すること

この3本柱でレーダーチャートをつくり、その面積を毎年広げていく。これで自分が講演をしたときの月間平均点も測れる。今日の講演は、75点だったと採点する。これを月間で集計して、その平均点を上げていく。定性的なものでも、定量的に自己評価して時系列で比較することは可能だ。

■ゴールを決めよう

目標設定の話をさらに進めよう。目標はゴールである。

私たちにとって仕事のゴールとはなにか。企業の業績か、賃金か、昇進か。一般的には、メンバーが目指すべきゴールとして共有されるのがKGI（キー・ゴール・インディケーター）とされる。優先順位が高い操作目標として掲げられるのがKPIであるのに対して、アウトプットの位置にあるのがKGI、すなわちゴールになっている指標である。KPI＝中間目標、KGI＝最終目標だという区別もできる。KPI＝短期目標、KGI＝長期目標という理解でもよい。

成熟期における個人のKGIを何に置くべきなのかは難しい課題である。筆者は、ベテランは数値をゴールにしなくてもよいと考える。いや、経営指標とは関係ないほうがよい。むしろ、ゴールは定性的なものを目指すのである。たとえば、「組織にとって、あなたの存在がなくてはならない」役割であることを目指すのである。ゴールとして「自分の理想像」を、数字や業績の代わりに置く。

人生において最終地点は死である。究極的には、死ぬまでにどう生きるかが人生の最終ゴールとなる。職業人生においてのゴールは退職であろう。自分は退職するまでにどうなりたいかが最終ゴールとなる。自分はどのような存在となることが理想か、どれぐらいお金を稼ぐのか、どれぐらいのスケールの仕事をやりたいのか……その答えは、人それぞれであってよい。

例えばゴールのひとつとして、自分が職場を去ったとき、とくに顧客から「あの人がいなくなったのは会社にとって損失だった」と思ってもらえることがある。そのためには、顧客にとって、余人をもって替え難い価値のある仕事をすることが必要になってくる。現時点に引き戻して考えると、「あなたは他人ではできない仕事の価値を創造し続けているか？」ということだ。自分しかできない価値を創出することを目指せば、そのゴールに近づくことができる。

従業員のモラールは、組織が何をゴールにして、日々働いてほしいかによって決まる。単に業績・収益の最大化よりも、利他的行動を通じて組織の信頼を得ようという目標を掲げている組織のほうが強い。それができるためには、従業員ひとりひとりの仕事に対するプライドが必要だ。顧客とのトラブルが起こっても、今は目先の利益を犠牲にしてでも、メンバーの気持ちのなかに大切な価値を守ろうとする内的規範があるから、マニュアルなしでも自主的に対処できる。

高いモラールを生みだすために、経営者は何ができるのだろうか。その答えはいくつもある。ひとつは経営者が共感できる理念を伝えることだ。例えば、「顧客にとって、なくてはならない人になれ」という理想を従業員と共有することであろう。この理想を叶えるためには、数値目標をあえて前面に出さないほうがよい。「あなたは私たちの仲間です。これからも一緒に頑張ろう」という意識の共有も、組織の１人ひとりのプライドにフィードバックしていく。

■習慣が築き上げる才能

本書を終えるに当たり、職業人は何をゴールにすればよいかをまとめてみたい。

本書にたびたび登場するピーター・ドラッカーの著書を、筆者は昔から愛読してきた。ドラッカーの著作を読んでいて気づくのは、晩年になるほどわかりやすくなり、なおかつ切れ味も増していることだ。いったいなぜ、ドラッカーは高齢になっても衰えることがなかったのだろうか……そこに筆者は強い関心を抱いてきた。

ドラッカーが成果を上げる方法を見出したのは、10～20代のときの体験からだ。ドラッカーは24歳のとき、ロンドンの投資銀行でエコノミストの仕事をはじめた。その職に就いて3カ月が経ったとき、70歳の年配の創立者に呼ばれて、「君は思っていたよりもはるかに駄目だ。あきれるほどだ」とダメ出しをされた。さらに言われたのは、「君は前にやっていた保険会社のアナリストの仕事を変わらず続けているだけだ。今の投資銀行の仕事で成果を上げるためにはいったい何をしなくてはいけないのかを考えろ」ということだった。

このときドラッカーは頭に血が上ったが、その創立者の言葉は正しいと認めざるを得なかった。成果を上げるために、常に変化を続けろという教訓だ。ドラッカーは、そこから仕事の内容も、仕方も、現在求められているミッションに合わせて、すっかり変えることにしたという。

ドラッカーが自己研鑽を高齢になっても怠らなかったのは、18歳のときの体験があるからだという。

ある晩、ドラッカーはドイツのハンブルクで19世紀の作曲家ジュゼッペ・ヴェルディのオペラを聴いた。1890年頃に書かれた「ファルスタッフ」である。このオペラに衝撃を受けて調べたところ、ヴェルディが80歳近いときの作品だとわかった。18歳のドラッカーには、平均寿命50歳そこそこの時代に、80歳の自分を想像することさえできなかった。さらに調べてみると、ヴェルディは壮大で創作の負担が大きいオペラの作曲に「いつも失敗してきた。だからもう一度挑戦する必要があった」と述べていたことがわかった。このヴェルディの言葉を、ドラッカーは18歳から忘れたことはないという。心に消すことのできない刻印がなされたという。

この体験を知ると、ドラッカーの作品が高齢になるほど円熟味を増している理由がわかる。ドラッカーの作品には、自分がどう生きたいのかという願望が投影されている。ドラッカーは、知力や知識はあくまで基礎的なものに過ぎず、本当に大切な能力とは「習慣的な力」だという。習慣のタイムスパンが人生全体を指しているのが、ドラッカーの特徴なのである。

芸術家や学者のなかには、高齢になっても情熱を失わなかった人が数多くいる。彼らをドラッカーは賞賛する。だが、その後で「アインシュタインのほうは40代には引退したも同然となり、単なる有名人になった」と痛烈に皮肉って終わる。偉大なアインシュタインを皮肉るとは、筆者は驚きを禁じえないが、ドラッカーはその人の業績だけではなく、人生終盤の生き方そのものについても厳しく評価しているのである。

そういえば筆者自身、若い頃は素晴らしい才能や人格をもっていた人に何十年かぶりに再会し、落胆してしまったことが少なからずある。学者でも、若い頃は画期的な研究をしていたのに、政治家に重用されるようになってすっかり豹変し、変わり果てた姿でメディアに登場する人物が多くいる。悲しいことだ。

ドラッカーは「10年あるいは15年にわたって有能だった人が、なぜ急に凡人になってしまうのか」と問いかける。

それは、新しい任務においても過去の成功体験を引きずってしまうからだという。その挙句、役に立たない仕事しかできなくなる。正確には、彼らが無能になっていくのではなく、間違った仕事の仕方をしているためにそうなってしまうのだ。ドラッカーは新しい任務では「仕事の内容も、仕事の仕方も、すっかり変えなくてはいけない」と喝破する。

素晴らしい成果を上げている人たちに「働き方」について聞くと、仕事や地位や任務が変わったとき、恩師や上司などから「新しい仕事で何が要求されるのか?」について徹底的に考えるべきことを教えられてきたと答える人が非常に多い。

そこで最も大切なのが、新しいことに挑戦する勇気である。

参考文献

戸部良一、寺本義也、鎌田伸一、杉之尾孝生、村井友秀、野中郁次郎『失敗の本質　日本軍の組織論的研究』（ダイヤモンド社）
ハーマン・サイモン『グローバルビジネスの隠れたチャンピオン企業』（中央経済社）
尾崎弘之『新たなる覇者の条件』（日経BP社）
内閣府『平成30年度　年次経済財政報告』
R・ジェイムズ・ブライディング『スイスの凄い競争力』（日経BP社）
西村吉雄『電子立国は、なぜ凋落したか』（日経BP社）
桑嶋健一『不確実性のマネジメント』（日経BP社）
P・F・ドラッカー『経営者の条件』（ダイヤモンド社）
澤田秀雄『運をつかむ技術』（小学館）
小池和男『強い現場の誕生』（日本経済新聞出版社）
アンドリュー・グローブ『パラノイアだけが生き残る』（日経BP社）
稲盛和夫『アメーバ経営』（日本経済新聞出版社）
李智慧『チャイナ・イノベーション』（日経BP社）
御厨貴『知と情　宮澤喜一と竹下登の政治観』（朝日新聞出版）
P・F・ドラッカー『企業とは何か』（ダイヤモンド社）
ジョセフ・E・スティグリッツ、ブルース・C・グリーンウォルド『スティグリッツのラーニング・ソサイエティ　生産性を上昇させる社会』（東洋経済新報社）

外尾悦郎『ガウディの伝言』（光文社新書）
マックス・ヴェーバー『プロテスタンティズムの倫理と資本主義の精神』（岩波文庫）
高木俊朗『インパール』（文春文庫）
沈才彬『中国新興企業の正体』（角川新書）
立石泰則『覇者の誤算　日米コンピュータ戦争の40年』（講談社文庫）
西垣通『集合知とは何か』（中公新書）
ジェームズ・スロウィッキー『「みんなの意見」は案外正しい』（角川文庫）
P・F・ドラッカー『プロフェッショナルの条件』（ダイヤモンド社）

熊野英生（くまの　ひでお）

第一生命経済研究所経済調査部・首席エコノミスト。1967年山口県生まれ。横浜国立大学経済学部卒業後、日本銀行入行。同行調査統計局、情報サービス局を経て、2000年に第一生命経済研究所入社。2011年より現職。専門は金融政策、財政政策、金融市場、経済統計。日本ファイナンシャル・プランナーズ協会理事。著書に『バブルは別の顔をしてやってくる』（日本経済新聞出版社）ほか。

文春新書

1202

なぜ日本《にほん》の会社《かいしゃ》は生産性《せいさんせい》が低《ひく》いのか？

2019年（平成31年）1月20日　第1刷発行

著　者　　熊　野　英　生
発行者　　飯　窪　成　幸
発行所　株式会社　文　藝　春　秋

〒102-8008　東京都千代田区紀尾井町3-23
電話（03）3265-1211（代表）

印刷所　　理　想　社
付物印刷　大　日　本　印　刷
製本所　　大　口　製　本

定価はカバーに表示してあります。
万一、落丁・乱丁の場合は小社製作部宛お送り下さい。
送料小社負担でお取替え致します。

ISBN978-4-16-661202-4

◆経済と企業

金融工学、こんなに面白い　野口悠紀雄
臆病者のための株入門　橘 玲
臆病者のための億万長者入門　橘 玲
売る力　鈴木敏文
安売り王一代　安田隆夫
熱湯経営　樋口武男
先の先を読め　樋口武男
こんなリーダーになりたい　佐々木常夫
新自由主義の自滅　菊池英博
黒田日銀 最後の賭け　小野展克
石油の「埋蔵量」は誰が決めるのか?　岩瀬 昇
原油暴落の謎を解く　岩瀬 昇
就活って何だ　森 健
新・国富論　浜 矩子
資産フライト　山田 順
円安亡国　山田 順

日本型モノづくりの敗北　湯之上隆
松下幸之助の憂鬱　立石泰則
さよなら! 僕らのソニー　立石泰則
君がいる場所、そこがソニーだ　立石泰則
日本人はなぜ株で損するのか?　藤原敬之
ビジネスパーソンのための契約の教科書　福井健策
ビジネスパーソンのための企業法務の教科書　西村あさひ法律事務所編
サイバー・テロ 日米vs.中国　土屋大洋
ブラック企業　今野晴貴
ブラック企業2　今野晴貴
『ONE PIECE』と『相棒』でわかる! 細野真宏の世界一わかりやすい投資講座　細野真宏
日本の会社40の弱点　小平達也
税金 常識のウソ　神野直彦
アメリカは日本の消費税を許さない　岩本沙弓
税金を払わない巨大企業　富岡幸雄
トヨタ生産方式の逆襲　鈴村尚久
VWの失敗とエコカー戦争　香住 駿
朝日新聞　朝日新聞記者有志

働く女子の運命　濱口桂一郎
無敵の仕事術　加藤 崇
「公益」資本主義　原 丈人
人工知能と経済の未来　井上智洋
お祈りメール来た、日本死ね　海老原嗣生
2040年全ビジネスモデル消滅　牧野知弘
自動車会社が消える日　井上久男
新貿易立国論　大泉啓一郎
日銀バブルが日本を蝕む　藤田知也
AIが変えるお金の未来　坂井隆之・宮川裕章＋毎日新聞フィンテック取材班
なぜ日本の会社は生産性が低いのか?　熊野英生

文春新書のロングセラー

中野信子
サイコパス
クールに犯罪を遂行し、しかも罪悪感はゼロ。そんな「あの人」の脳には隠された秘密があった。最新の脳科学が解き明かす禁断の事実
1094

岩波　明
発達障害
『逃げ恥』の津崎、『風立ちぬ』の堀越、そしてあの人はなぜ「他人の気持ちがわからない」のか？　第一人者が症例と対策を講義する
1123

エドワード・ルトワック　奥山真司訳
戦争にチャンスを与えよ
「戦争は平和をもたらすためにある」「国連介入が戦争を長引かせる」といったリアルな戦略論で「トランプ」以後を読み解く
1120

近藤　誠
健康診断は受けてはいけない
職場で強制される健診。だが統計的に効果はなく、欧米には存在しない。むしろ過剰な医療介入を生み、寿命を縮めることを明かす
1117

佐藤愛子
それでもこの世は悪くなかった
ロクでもない人生でも、私は幸福だった。「自分でもワケのわからない」佐藤愛子ができ、幸福とは何かを悟るまで。初の語りおろし
1116

文藝春秋刊